毎日食べたくなる絶品鍋

大庭英子

成美堂出版

毎日食べたくなる絶品鍋
Contents

1章 人気の三大鍋

豚しゃぶ 8
トマト豚しゃぶ 10
ぶりしゃぶ 12
海鮮寄せ鍋 14
鶏だんごの寄せ鍋 16
うどんすき 18
キムチ鍋 20
おからと豆乳入りキムチ鍋 22
あさりのスンドゥブ・チゲ 24

2章 たれで食べる鍋

湯豆腐 30
鶏の水炊き 32
白菜と豚肉のミルフィーユ鍋 34
香りしゃぶしゃぶ 36

3章 今夜はどんな味？

しょうゆ味の鍋 鶏すき 40

きりたんぽ鍋 42

いも煮鍋 44

ちゃんこ鍋 46

獅子頭鍋 48

はりはり鍋 50

ねぎま鍋 52

きのこ鍋 54

塩味の鍋 ギョーザ鍋 56

えびしんじょう鍋 58

豚バラのモツ鍋風 60

鯛ともちの雪見鍋 62

ゆで豚と古漬け白菜の鍋 64

みそ味の鍋 かきの土手鍋 66

いわしのつみれ鍋 68

石狩鍋 70

ほうとう鍋 72

だご汁鍋 74

白菜のひき肉はさみ鍋 76

蒜山鍋 78

粕鍋 80

ピリ辛味の鍋 韓国風すき焼き 82

サンラータン鍋 84

ココナッツカレー鍋 86

トム・ヤム・クン鍋 88

洋風味の鍋 ブイヤベース 90

ボルシチ 92

ポトフ 94

キャベツとソーセージの鍋 95

4章 2アイテムの シンプル鍋

豚バラとごぼうのしゃぶしゃぶ 104
大豆もやしと手羽先の鍋 106
牛すじと大根の鍋 108
カリフラワーの丸々鍋 110
豚ひき肉とキャベツのピリ辛鍋 111
フライドチキンとレタスの鍋 112
キャベツとコンビーフの重ね鍋 113
塩だらとじゃがいもの鍋 114
塩鮭と白菜のクリーム鍋 116
さば缶とキャベツのみそ鍋 117

5章 スタンバイ！ おまかせ鍋

鶏肉とトマトの鍋 120
牛肉と玉ねぎの鍋 122
茶巾鍋 124
きのこと豆腐の豚肉巻き鍋 125
かじきとマカロニのイタリアン鍋 126
帆立貝柱と春雨の中華鍋 128

ご当地鍋

関東風すき焼き 130
関西風すき焼き 132
関東風おでん 134
金沢風おでん 135
名古屋風みそおでん 136
静岡風おでん 137

鍋に添えたい小皿料理

96 **焼く** ギョーザの皮の肉はさみ焼き
玉ねぎのチーズ焼き
焼きわけぎのおひたし
かぼちゃのソテー
エリンギのマヨネーズ焼き

98 **あえる** 里芋のごまみそあえ
シャキシャキじゃがいものサラダ
トマトののりあえ
ポテトサラダ
にんじんのマリネサラダ
塩もみきゅうりの白あえ

100 **炒める** アボカドのマヨネーズ炒め
切り干し大根の炒めナムル
にんじんのたらこ炒め
ゆで大豆とじゃこのにんにく炒め
りんごのバターソテー
れんこんの甘酢炒め

26 ## 基本のだし
◉ 昆布と削り節のだし(だし汁)
◉ 昆布だし
◉ いりこ(煮干し)と昆布のだし
◉ 鶏がらスープ

27 ## いろいろなたれ
◉ ポン酢しょうゆ
◉ ごまだれ
◉ 青唐辛子ごま油だれ
◉ 土佐じょうゆ
◉ めんつゆ風たれ

もっとおいしい鍋読本

魚介の下ごしらえ／いわしを手開きにする 138
野菜の切り方 139
鍋奉行の心得 140
土鍋の扱い方 141

この本の使い方

◉ 材料や作り方に表示している小さじ1は5mℓ、大さじ1は15mℓ、1カップは200mℓです。
◉ 鍋のレシピは4人分が基本です。「鍋のあと」の主材料の分量も4人分です。
◉ 材料(作りやすい分量)とは、1回に調理しやすく、使いやすい量です。
◉ 塩は天然塩、特に指定のない場合しょうゆは濃い口しょうゆ、砂糖は上白糖、黒こしょうは粗びきを使
用しています。油で特に指定のない場合は、好みの油を使ってください。
◉ 特に指定のない場合、だし汁は昆布と削り節のだし(→p.26)を使用しています。
だし汁とスープ(→p.26)は市販品を使ってもかまいませんが、塩分が異なるので調整してください。
◉ 材料の切り方や煮汁の準備などは、材料表の分量のあとに「▷」で記載しています。
◉ 野菜類は皮をむく、へたや種、筋を取る、根元を切る、
きのこは石づきを取るなどの下ごしらえをすませてからの手順を説明しています。
◉ 具材の写真は分量と異なる場合があります。

1章 人気の三大鍋

数ある鍋の中でとびきり人気なのが、
しゃぶしゃぶ、寄せ鍋、キムチ鍋。
具材を用意すればすぐ食べられる、
味つけしてあるから子どもも食べやすい、
ピリ辛の刺激がやみつきに……。
それぞれの個性を生かして、
さらに味のバリエーションを広げた
9種の鍋をご紹介します。

豚しゃぶ

1章 人気の三大鍋 / しゃぶしゃぶ

材料(4人分)

豚ロース肉(しゃぶしゃぶ用) 400g
れんこん 1節(250～300g) ▷皮をむき、スライサーで薄切りにし、水で軽く洗う
えのきだけ 2束 ▷根元を切ってほぐす
水菜 2束(400g) ▷7～8cm長さに切る

煮汁

水 7～8カップ
だし昆布 15cm ▷鍋に入れて2時間ほどおく
酒 1/3カップ

● たれと薬味

ポン酢しょうゆ(→p.27)
長ねぎの小口切り
おろししょうが
ゆずこしょう

作り方

1 準備した鍋を弱火にかけ、煮立ったら酒を加える。

2 野菜を加え、しんなりするまで煮て、肉は1～2枚ずつ入れて火を通し、たれと薬味でいただく。

● 味変わりをもう一種

ごまだれ(→p.27)も用意すると食べ飽きない。好みで粉唐辛子をふる。

● 鍋のあと

しゃぶしゃぶ用のもち(12枚)を1枚ずつ鍋に入れ、弱火でトロリとするまで煮て、たれとゆずこしょうでいただく。

ロース肉を昆布だしにさっとくぐらせて。シャキッ、サクッ、野菜の食感が楽しくて箸が進みます。

トマト豚しゃぶ

1章 人気の三大鍋 しゃぶしゃぶ

材料（4人分）

豚バラ肉（しゃぶしゃぶ用）	400g
厚揚げ 2枚	▷5mm厚さに切る
玉ねぎ 2個	▷縦半分に切り、3～4mm厚さの半月切り
トマト 2個	▷へたをくり抜いて5～6mm厚さの輪切り
ほうれんそう 1½束（300g）	
	▷根元に十文字の切り目を入れて10分水に浸し、砂を洗って8～10cm長さに切る

煮汁

- 水　3～4カップ
- だし昆布　15cm
- トマトジュース（食塩不使用）　3カップ
- 塩　小さじ1

● 薬味

- にんにくチップス（薄切りをオリーブ油でカリカリに炒める）
- オリーブ油
- 粗びき黒こしょう
- パルメザンチーズ

作り方

1 煮汁を作る。鍋に水と昆布を入れて弱火にかけ、トマトジュースを加え、煮立ったら昆布を除き、塩で調味する。

2 厚揚げを加え、再び煮立ったら玉ねぎ、トマトを加える。また煮立ったら、豚肉、ほうれんそうを加えて煮て、薬味をかけていただく。

● 鍋のあと

ゆでたスパゲッティ（乾燥・160g）を残った煮汁に加えてさっと煮、薬味でいただく。

トマトの酸味で豚バラ肉がさっぱりする、魔法のしゃぶしゃぶ。栄養たっぷりで子どもにも人気です。

ぶりしゃぶ

1章 人気の三大鍋 しゃぶしゃぶ

材料（4人分）
ぶり（刺身。あればしゃぶしゃぶ用） 400g
大根 20cm（500g） ▷皮をむいてピーラーで帯状に切る
長ねぎ 2本 ▷10cm長さに切り、縦4～6等分に切る
豆苗 2袋 ▷根元を切り落とす
わかめ（戻したもの） 120g ▷4～5cm長さに切る

煮汁
水 7～8カップ ┐
だし昆布 15cm ┘▷鍋に入れて2時間ほどおく
A 酒 1/3カップ
　しょうが（薄切り） 1かけ分

たれ
すり白ごま・しょうゆ・酢 各大さじ4 ┐
みりん 大さじ1　　　　　　　　　　├▷混ぜ合わせる
おろししょうが 小さじ1　　　　　　 ┘

●たれ
ごま酢じょうゆだれ（右上参照）
青唐辛子ごま油だれ（→p.27）

作り方
1 準備した鍋を弱火にかけ、煮立ったらAを加える。

2 野菜とわかめを加え、しんなりしてきたら、ぶりを1切れずつ煮汁にくぐらせ、好みのたれでいただく。

●鍋のあと

水で洗ったごはん（茶碗大盛り2杯）を残った煮汁に入れて中火で煮、溶き卵2～3個分を流し入れ、ふたをして火を止める。

脂ののったぶりに
ごく軽く火を通して、
2種類のたれでどうぞ。
刺身とは違う
満足感が味わえます。

海鮮寄せ鍋

1章 人気の三大鍋 寄せ鍋

材料(4人分)

たらばかに(食べやすく処理したもの) 1/3肩分 ▷ 洗って水けをきる
やりいか 小3ばい ▷ 足を抜いて軟骨を取り、胴は3cm幅の輪切りにし、足はワタを切ってくちばしを取る
鯛(切り身) 3切れ ▷ 1切れを3〜4等分に切り、Aをふる
A | 酒 大さじ1
　 | 塩 少々
水菜 2束(400g) ▷ 4〜5cm長さに切る
かぶ 4個 ▷ 茎を4cmほど残して切り、皮をむいて縦4等分に切る

煮汁

だし汁 7〜8カップ
B | 酒 大さじ4
　 | みりん 大さじ2
　 | うす口しょうゆ 大さじ3〜4

● **薬味**
すだち

作り方

1 鍋にだし汁を入れて中火にかけ、煮立ったらBで調味する。

2 かぶを加えてふたをし、弱火で5〜6分、かぶがほぼ柔らかくなるまで煮る。

3 鯛、いか、かにを加えて中火にし、煮立ったら火を弱めてアクを取り、水菜を加えてさっと煮る。

● **鍋のあと**

ごはん(茶碗大盛り2杯)で焼きおにぎり6個を作り、残った煮汁で軽く煮る。

複数の食材を味つけした煮汁で煮ながら食べるのが、寄せ鍋です。海鮮のうまみがしみたかぶが陰の主役かも?!

1章 人気の三大鍋 寄せ鍋

鶏だんごの寄せ鍋

材料（4人分）

鶏だんご
　鶏ひき肉　400g
　A　長ねぎ（みじん切り）　大さじ4
　　　しょうが汁　小さじ½
　　　酒　大さじ2
　　　しょうゆ　小さじ1
　　　塩　小さじ¼
　きくらげ（乾燥）　10g ▷水に20〜30分浸して戻し、みじん切り
　片栗粉　大さじ1
白菜　400g ▷縦半分に切り、3cm幅に切る
木綿豆腐　1丁（300g） ▷2つに切り、2cm幅に切る
しめじ　2袋 ▷3〜4本ずつにほぐす
長ねぎ　2本 ▷3〜4cm長さに切り、両面に切り目を入れる（→p.139）
春菊　1束（200g） ▷葉を摘む

煮汁
だし汁　7〜8カップ
B　酒　大さじ3
　　みりん　大さじ2
　　うす口しょうゆ　大さじ3〜4

作り方

1 鶏だんごを作る。ボウルにひき肉を入れ、Aを加えて粘りが出るまでよく練る。きくらげに片栗粉をまぶして混ぜ込み、ぬらした手で丸く形作る。

2 鍋にだし汁を入れて中火にかけ、煮立ったらBで調味する。

3 2に1を加え、煮立ったら火をやや弱めてアクを取り、ふたをして弱火で5分ほど煮る。

4 中火にして残りの具を煮えづらいものから入れ、最後に春菊を加える。

● 薬味
七味唐辛子

● 鍋のあと

切りもち（4枚）は半分に切ってオーブントースターで焼き、残った汁に加えてさっと煮る。

大ぶりの鶏だんごは口の中でふわっとくずれるやわらかさ。きくらげが食感のアクセントです。鍋あとの雑煮がまた美味！

うどんすき

1章 人気の三大鍋 寄せ鍋

材料（4人分）
ゆでうどん　2人分
鶏もも肉　2枚 ▷ 3cm四方に切る
あなご（白焼き）　小2枚 ▷ 4cm長さに切る
車えび　小8尾 ▷ 背ワタを取る（→p.138）
白菜　400g ▷ 5～6cm長さに切り、縦2cm幅に切る（→p.139）
生しいたけ　8枚 ▷ 笠に飾り切りをする（→p.139）
にんじん　小1本 ▷ 5mm厚さの輪切り
三つ葉　2束（100g）▷ 4cm長さに切る

煮汁
だし汁　8カップ
A　酒　大さじ3
　　みりん　大さじ3
　　うす口しょうゆ　大さじ3～4

● 薬味
おろしわさび

作り方

1. 鍋にだし汁を入れて中火にかけ、煮立ったらAで調味する。

2. 鶏肉を加え、再び煮立ったら、火を弱めてアクを取り、ふたをして弱火で10分ほど煮る。

3. 生しいたけ、白菜の芯、にんじんを加えて煮る。

4. 野菜がしんなりしたら、車えび、あなごを加え、えびの色が変わったら、うどん、三つ葉を加えてさっと煮る。

海鮮も鶏もうどんも入る、
京風の豪華な寄せ鍋。
殻つきえびやあなご、
鶏から出た
おいしい煮汁ごと
どうぞ。

キムチ鍋

1章 人気の三大鍋 キムチ鍋

材料(4人分)
白菜キムチ　300g ▷ 3cm幅に切る
豚バラ肉(薄切り)　350g
きくらげ(乾燥)　15g ▷ 水に20〜30分浸して戻し、一口大に切る
春雨(乾燥)　70g ▷ はさみで7〜8cm長さに切る
小大豆もやし　1袋 ▷ 洗って水けをきる

煮汁
鶏がらスープ　7〜8カップ
A｜酒　大さじ3
　｜しょうゆ　大さじ2
ごま油　大さじ1

作り方
1 鍋に鶏がらスープを入れて中火で煮立て、豚肉をほぐし入れる。肉の色が変わってきたら、火を弱めてアクを取り、Aを加えて5分ほど煮る。

2 春雨、きくらげを加えて4〜5分煮る。

3 小大豆もやし、キムチを加えてしんなりするまで煮て、ごま油で香りづけする。

● 鍋のあと

インスタントラーメンの麺(2人分)を残った煮汁に加え、3分ほど煮る。

キムチ鍋の人気の秘密は、発酵食品のうまみとまろやかな辛み。体が温かくなって食欲が増します。

おからと豆乳入りキムチ鍋

1章 人気の三大鍋 キムチ鍋

材料(4人分)

白菜キムチ　300g　▷2〜3cm幅に切る
おから(生)　200g
鶏ひき肉　250g
白菜　300g　▷繊維を切るように1.5〜2cm幅に切る
白まいたけ　2パック(200g)　▷食べやすくほぐす

煮汁

鶏がらスープ　5〜6カップ
豆乳　2カップ
酒　大さじ3
塩　小さじ2/3
ごま油　大さじ1

作り方

1 鍋にひき肉を入れて酒をふって混ぜ、鶏がらスープを少しずつ加えてほぐしながら全量加える。

2 中火にかけ、煮立ったら火を弱めてアクを取り、塩で調味し、ふたをして10分ほど煮る。

3 白菜、まいたけを加えて混ぜ、しんなりするまで5〜6分煮る。

4 おから、豆乳を加えて煮立て、キムチを加え、ごま油で香りづけする。

●鍋のあと

残った煮汁にトッポギ(200g)を入れ、ふたをして弱火で5〜6分煮る。

おからと豆乳、鶏ひき肉のスープに最後にキムチを加えます。おからがほどよいとろみになって、満腹満腹。

あさりのスンドゥブ・チゲ

1章 人気の三大鍋 キムチ鍋

材料(4人分)

白菜キムチ　400g ▷ 3㎝長さに切る
あさり(殻つき)　600g ▷ 砂抜きし、両手でもみ洗いして水けをきる
絹ごし豆腐　2丁(600g)
せり　2束(200g) ▷ 3〜4㎝長さに切る

煮汁

鶏がらスープ　6〜7カップ
A 酒　大さじ3
　 塩　小さじ½
ごま油　大さじ1

作り方

1 鍋に豆腐を入れて周りにあさりを加え、鶏がらスープとAを加え、中火にかける。煮立ったらふたをし、弱火で5分ほど殻が開くまで煮る。

2 キムチ、せりを加えてさっと煮て、ごま油で香りをつける。

● 鍋のあと

ご飯(茶碗大盛り1杯)を洗って水けをきり、残った煮汁に加えて4〜5分煮る。

簡単に作れてとびきりの味わい。豆腐をすくい取って、あさりのだしが出たスープと一緒に召し上がれ。

基本のだし

鍋の味のベースとなるのがだしですから、なるべく手抜きをせずにきちんととりたいもの。この本のレシピで単に「だし汁」と書いてある場合は、「昆布と削り節のだし」を指します。

◉ 昆布と削り節のだし（だし汁）

寄せ鍋やおでんをはじめ、具材を煮汁ごと食べるほとんどの鍋に向きます。

材料（作りやすい分量）
水　14〜15カップ
だし昆布　5〜6cm角　4枚
削り節　25〜30g

作り方
1 鍋に、分量の水、昆布を入れて2時間ほど浸しておく。弱火にかけ、煮立つ寸前に昆布を取り出す。
2 中火にして削り節を加え、煮立ってきたら弱火にし、2〜3分煮て火を止める。削り節が沈んだら、こす。

1

2

◉ 昆布だし

別の鍋でとる必要はなく、食卓に出す鍋に水と昆布を入れて2時間ほどおきます。

材料（作りやすい分量）
水　7〜8カップ
だし昆布　7〜8×15cm　1枚

作り方
1 食卓に出す鍋に分量の水と昆布を入れ、2時間ほどおく。
2 昆布が大きくなって味が出たら、そのまま具材を加えて煮始める。途中、昆布のぬめりが出たら、取り出す。

1

2

◉ いりこ（煮干し）と昆布のだし

いりこが5〜6cm以上なら、苦みが出やすい頭とはらわたを取って使います。

材料（作りやすい分量）
水　14〜15カップ
いりこ（煮干し・小）　20g
だし昆布　5〜6cm角　2枚

作り方
1 鍋に、分量の水、いりこ、昆布を入れて2時間ほどおく。弱火にかけ、煮立ってきたらアクを取る。
2 3分ほど煮て火を止め、昆布といりこを取り出す。

1

2

◉ 鶏がらスープ

韓国風や中国風、エスニック系などの鍋にコクと風味を与えます。

材料（作りやすい分量）
鶏がら　2羽分（500〜600g）
水　13〜14カップ
A　ねぎの青い部分　1本分
　　しょうがの皮　適量
酒　1/3カップ
塩　小さじ1/2

作り方
1 鶏がらは余分な皮、黄色い脂肪、内臓を取り、6〜7cm長さに切って水で洗う。たっぷりの熱湯で色が変わるまで2分ほどゆでる。
2 冷水に取り、余分な脂肪や血のかたまりなどを洗い流し、水けをきる。
3 鍋に、2、分量の水、Aを入れて中火にかける。煮立ったら弱火にしてアクを取り、酒をふって塩を加える。
4 中火にして再び煮立ってきたら、弱火にして50〜60分煮て、こす。

1

2

3

4

いろいろなたれ

しゃぶしゃぶや水炊きなど煮汁に味つけしない鍋は、たれが味の決め手になります。市販品は手軽ですが、手作りすると香りや辛みがフレッシュで格別のおいしさ。

ポン酢しょうゆ　　ごまだれ　　青唐辛子ごま油だれ　　土佐じょうゆ　　麺つゆ風のたれ

◎ポン酢しょうゆ
柑橘の種類や混ぜる割合によって、風味の変化が楽しめます。

材料(作りやすい分量)
柑橘類の絞り汁(ゆず、かぼす、
　すだちなど)　1/2カップ
しょうゆ　1/2カップ
だし汁　1/3〜1/2カップ

作り方
材料を混ぜ合わせる。
★柑橘類は手のひらで押して転がし、果肉をやわらかくしてから横半分に切ると絞りやすい。

◎ごまだれ
濃厚なコクは別格のおいしさ。ポン酢しょうゆと2種あると飽きません。

材料(作りやすい分量)
練りごま(クリームタイプ)　大さじ4
みそ　大さじ4
だし汁　2/3〜1カップ
しょうが汁　小さじ1
一味唐辛子　少々

作り方
1 ボウルに練りごまを入れ、みそを加えて混ぜる。
2 だし汁を少しずつ加えて溶きのばし、残りの材料を混ぜる。

◎青唐辛子ごま油だれ
生の青唐辛子のパンチとごま油のコクがマッチした、塩味のたれです。

材料(作りやすい分量)
青唐辛子　4本
ごま油　大さじ4
塩　小さじ1

作り方
青唐辛子はヘタを切って薄い輪切りにし、残りの材料と混ぜ合わせる。

◎土佐じょうゆ
湯豆腐(→p.30)では鍋の中で温めます。さっぱりした和風鍋や鍋のあとにも。

材料(作りやすい分量)
しょうゆ　2/3カップ
水　1/3カップ
みりん　大さじ1
削り節　5g

作り方
材料を混ぜ合わせて耐熱の器に入れ、鍋の中央に置いて温めて使う。

◎麺つゆ風のたれ
まろやかな味わいの何にでも合うたれ。かつおの香りが豊かです。

材料(作りやすい分量)
A　しょうゆ　1/2カップ
　　みりん　1/3カップ
　　水　2カップ
　　だし昆布　5cm角1枚
削り節　10g

作り方
1 鍋にAを入れて弱火にかけ、煮立ったら削り節を加える。
2 再び煮立ったら火を弱め、5分ほど煮てこす。

2章 たれで食べる鍋

湯豆腐や水炊きなど、
煮汁に味をつけない鍋は、
取り分けてからたれや薬味をかけて、
自分好みの味にできるのが魅力です。
たれと薬味の組み合わせで
鍋のおいしさ無限大に。

湯豆腐

2章 たれで食べる鍋

材料（4人分）
木綿豆腐　1丁（300g）▷ 8等分に切る
絹ごし豆腐　1丁（300g）▷ 8等分に切る
生だら　3切れ ▷ 1切れを4等分に切り、Aをふる
A｜酒　大さじ1
　｜塩　少々
長ねぎ　2本 ▷ 2cm幅の斜め切り

煮汁
水　6〜7カップ　┐
だし昆布　15cm　┘▷ 鍋に入れて2時間ほどおく
酒　大さじ4

● **たれと薬味**
土佐じょうゆ（→p.27）
いり白ごま

作り方
1 準備した鍋の中央に耐熱の器に入れた土佐じょうゆを置いて弱火にかける。煮立ったら鍋に酒を加え、周りにたら、豆腐、長ねぎを加える。

2 煮立ったらアクを取り、たらに火が通り、豆腐が温まり、長ねぎがしんなりするまで弱火で煮て、たれと薬味でいただく。

● **鍋のあと**

残った煮汁でゆでうどん（2人分）を煮て、土佐じょうゆや七味唐辛子でいただく。

鍋で温めた土佐じょうゆをかけていただきます。木綿と絹、2種類の豆腐を入れて味わいの違いを楽しみましょう。

2章 たれで食べる鍋

鶏の水炊き

材料（4人分）
鶏もも肉（骨つき肉またはぶつ切り）　800g ▷室温に戻す
にんじん　1本 ▷8mm厚さの輪切り
生しいたけ　8枚 ▷笠に飾り切りをする（→p.139）
キャベツ　½個 ▷4〜5cm四方に切る
わけぎ　1束（200g）▷3〜4cm長さに切る
米　大さじ2 ▷ガーゼに包み、口をタコ糸でゆるく結ぶ

煮汁
水　10カップ
A 酒　½カップ
　しょうが（薄切り）　小1かけ分
　塩　小さじ½

●たれと薬味
ポン酢しょうゆ（→p.27）
もみじおろし＊
細ねぎ、おろししょうが
ゆずこしょう

作り方

1 鍋に鶏肉、水、ガーゼに包んだ米を入れて中火にかけ、煮立ったらアクを取り、Aを加える。再び煮立ったら、火を弱め、ふたをして30〜40分煮て米を取り出す。

2 にんじん、生しいたけを加え、ふたをして10分ほど煮る。

3 キャベツ、わけぎを加え、しんなりするまで煮てたれと薬味でいただく。

★もみじおろしの作り方
大根に菜箸を刺して穴をあけ、水に浸してやわらかくした赤唐辛子に菜箸を挿してその穴に詰め、おろし金で平行にすりおろす。

●鍋のあと

残った煮汁にごはん（茶碗大盛り1杯）を入れて、煮立ったらふたをして弱火で4〜5分煮る。溶き卵（2個分）を流してふたをし、1分ほど煮てたれと薬味でいただく。

骨つきの鶏肉をじっくり煮たスープが美味！生米を加えて肉のくさみを消し、かすかなとろみをつけます。

白菜と豚肉のミルフィーユ鍋

材料(4人分)

白菜(根元のほう)　½個　▷根元に十文字の切り込みを入れる
豚バラ肉(薄切り)　400g　▷長さを半分に切る
しょうが　大1かけ　▷せん切り

煮汁

鶏がらスープ　3〜4カップ
酒　大さじ4

たれ

ナンプラー　大さじ4
レモン汁　大さじ3　　▷混ぜ合わせる
砂糖　小さじ1
赤唐辛子(輪切り)　2本分

● たれ
ピリ辛ナンプラーだれ(右上参照)

作り方

1 鍋に白菜を切り口を上にして入れ、葉と葉の間を広げて豚肉をはさみ、しょうがを散らす。

2 鶏がらスープ、酒を加えて中火にかける。煮立ったらふたをし、弱火で40〜60分、白菜がやわらかくなるまで煮る。

3 白菜をナイフで切り分け、たれでいただく。

● 鍋のあと

残った煮汁にもち入りの油揚げ(4個)を入れ、ふたをして弱火にかけ、もちがやわらかくなるまで4〜5分蒸し煮にして、たれでいただく。

食卓でふたを開けると「ワァー！」と歓声があがりそう。ナンプラーベースのピリ辛たれが白菜の甘みを際立たせます。

香りしゃぶしゃぶ

2章 たれで食べる鍋

材料(4人分)
牛肉(しゃぶしゃぶ用)　300g
クレソン　4束(200g)　▷ 長ければ半分に切る
せり　1束(100g)　▷ 6〜7㎝長さに切る
豆苗　1袋 ▷ 長さを半分に切る
貝割れ菜　2束 ▷ 根元を切る
長ねぎ　1本 ▷ 縦半分に切り、斜め5㎜幅に切る
しょうが　1かけ ▷ 薄切り

煮汁
昆布だし　6〜7カップ
酒　大さじ3
塩　小さじ½

● たれ
麺つゆ風のたれ(→p.27)

作り方
1 鍋に煮汁の材料、しょうがを入れて中火にかける。

2 煮立ったら、肉と野菜を入れて火を通し、麺つゆ風のたれでいただく。

● 鍋のあと

ぬるま湯に浸し、食べやすく切ったビーフン(乾燥・50g)を、残った煮汁でさっと煮て、塩、こしょう各適量で調味し、レモンをのせる。

せりやクレソンなど個性のある野菜をたっぷり入れる、ヘルシーな牛しゃぶ。麺つゆ風のたれでさっぱりいただきます。

3章 今夜はどんな味？

「夕ごはん、お鍋がいいな」というときに
イメージしているのは、
材料ですか？　味ですか？
たとえば豚肉の鍋といっても、
味つけ次第でまったく違う鍋になります。
鍋の個性は味つけが決め手！
しょうゆ味、塩味、みそ味、ピリ辛味、
洋風味に分けて、29種の鍋をご紹介します。
もう毎晩だっていいくらいです。

3章 今夜はどんな味？ しょうゆ味の鍋

鶏すき

材料（4人分）

鶏だんご
　鶏ひき肉　400g ▷ Aを加えて練り合わせる
　A 長ねぎ（みじん切り）　大さじ4
　　おろししょうが　小さじ1
　　酒、水　各大さじ2
　　しょうゆ　大さじ½
　　塩　少々
しめじ　2袋 ▷ 3～4本ずつにほぐす
車麩　小8個 ▷ 10分ほど水に浸して戻し、水けを絞る
でんぷんの麺（マロニーなど）　100g ▷ 熱湯に浸し、透き通ったら水けをきる
わけぎ　1束（200g） ▷ 3～4㎝長さに切る

煮汁
　だし汁　2カップ
　B しょうゆ・酒　各大さじ4
　　みりん　大さじ3
　　砂糖　大さじ1

● 薬味
　七味唐辛子

作り方

1 鍋にだし汁を入れて中火で煮立て、Bで調味する。

2 鶏だんごのたねを、水でぬらしたスプーンで形作って1に加える。全部加えて再び煮立ったら、火を弱めてアクを取る。

3 しめじを加え、ふたをして10分ほど煮る。ふたを取り、車麩、麺を加えて3～4分煮て、最後にわけぎを加えてさっと煮る。

鶏だんごや車麩を少ない煮汁で煮る、すき焼きです。しょうゆの甘辛味がしっかりしみ込んでおいしい!

きりたんぽ鍋

3章 今夜はどんな味? しょうゆ味の鍋

材料(4人分)

きりたんぽ　4〜5本 ▷ 2cm幅の斜め切り
鶏もも肉　2枚 ▷ 2〜3cm四方に切る
ごぼう　1本(150g) ▷ 皮をこそげてそぎ切りにし、水で洗って水けをきる
まいたけ　大1袋(200g) ▷ ほぐす
長ねぎ　1本 ▷ 2cm幅の斜め切り
せり　1束(100g) ▷ 3〜4cm長さに切る(根があればよく洗って使う)

煮汁

だし汁　6〜7カップ
酒　大さじ3
A みりん　大さじ3
　しょうゆ　大さじ4

作り方

1 鍋にだし汁を入れて中火で煮立て、鶏肉を加える。再び煮立ったら、火を弱めてアクを取り、酒を加え、ふたをして10分ほど煮る。

2 ふたを取ってAで調味し、ごぼう、まいたけを加えて10分ほど煮る。

3 きりたんぽ、長ねぎを加え、しんなりしたら、最後にせりを加えてさっと煮る。

秋田の郷土料理ですが、いまや全国区の人気鍋。鶏肉、ごぼう、まいたけ、せり、きりたんぽの味のハーモニーです。

3章 今夜はどんな味？ しょうゆ味の鍋

いも煮鍋

材料（4人分）

里いも 小16個	▷皮をむいて塩でもみ、水で洗って水けをきる
牛肉（切り落とし） 200g	
酒 大さじ4	
切りこんにゃく 150g	
塩 適量	
ごぼう 1本(150g)	▷皮をこそげて乱切りにし、水で洗って水けをきる
なめこ 1袋(100g)	
長ねぎ 1本	▷1cm幅に切る
油 大さじ½	

煮汁

だし汁 6～7カップ
A みりん 大さじ3
　しょうゆ 大さじ4

● 薬味
おろししょうが

作り方

1 切りこんにゃくの下ごしらえをする。塩でもんで洗ってから鍋に入れ、ひたひたの水を加え、中火にかける。煮立ったら、弱火にして5分ほどゆで、ざるに上げる。

2 フライパンに油を熱して牛肉を炒め、色が変わったら酒をふる。鍋に移してだし汁を加え、中火にかける。煮立ったら、火を弱めてアクを取る。

3 里いも、1、ごぼう、なめこを2に加え、再び煮立ったら、Aを加える。ふたをして弱火で15分ほど、里いもがやわらかくなるまで煮る。

4 長ねぎを加えてふたをし、しんなりするまで2～3分煮る。

● 鍋のあと

ゆでて冷水でしめたそば（2人分）を、残った煮汁に加え、さっと煮る。

里いもの収穫期、家族や知人が川原に集まって開かれる、山形のいも煮会。そのおいしさを家庭の食卓へ。

ちゃんこ鍋

3章 今夜はどんな味? しょうゆ味の鍋

材料(4人分)

鶏もも肉　1枚(250g)　▷2〜3cm四方に切る
豚ロース肉(しゃぶしゃぶ用)　200g
木綿豆腐　1丁(300g)　▷2つに切り、2cm幅に切る
キャベツ　300g　▷5cm長さ、2cm幅に切る
にんじん　1本　▷ピーラーで帯状に切る
ごぼう　1本(150g)
　▷皮をこそげて縦半分に切り、斜め薄切り。水で洗って水けをきる
もやし　1袋　▷洗って水けをきる
せり　1束(100g)　▷根元を切り、4〜5cm長さに切る

煮汁

だし汁　6〜7カップ
酒　大さじ3
A　みりん　大さじ2
　うす口しょうゆ　大さじ3

作り方

1　鍋にだし汁を入れて煮立て、鶏肉を入れてほぐし、中火で煮る。煮立ったら、火を弱めてアクを取る。

2　ごぼうを加えて酒をふり、煮立ったら、ふたをして10分ほど煮る。

3　Aで調味し、豆腐、キャベツ、にんじん、もやしを加え、しんなりしたら豚肉を広げて入れる。肉の色が変わったらせりを加え、さっと煮る。

● 鍋のあと

すいとんの生地(小麦粉1½カップに水約1カップを加えて練る)をスプーンですくい、残った煮汁に落として弱火で2〜3分煮て、好みで黒こしょうをふる。

鶏肉と豚肉、野菜もたっぷり入ってボリューム満点！煮詰まっても色が濃くならないようにうす口しょうゆを使います。

獅子頭鍋（シーヅトウ）

3章 今夜はどんな味？ しょうゆ味の鍋

材料（4人分）

獅子頭
　豚ひき肉　400g
　A 長ねぎ（みじん切り）　大さじ3
　　おろししょうが　小さじ1
　　酒・水　各大さじ2
　　しょうゆ・片栗粉　各大さじ1
　　こしょう　少々
　干ししいたけ（戻したもの）　小4枚 ▷ 5mm角に切る
　ゆでたけのこ　80g ▷ 5mm角に切る
　片栗粉　大さじ1
　揚げ油　適量
春雨（乾燥）　100g ▷ 1分ゆでてざるに上げる
チンゲンサイ　3株 ▷ 長さを2～3等分に切り、根元は縦に4～6等分する
長ねぎ　1本 ▷ 2cm幅の斜め切り

煮汁

鶏がらスープ　6～7カップ
B ごま油　大さじ2
　にんにく　2かけ ▷ 3mm厚さに切る
　しょうが　1かけ ▷ 薄切り
　赤唐辛子　2本
C 酒　大さじ4
　しょうゆ　大さじ4

作り方

1 獅子頭を作る。ひき肉にAを加え、粘りが出るまで手で練る。しいたけとたけのこに片栗粉をまぶして加え、よく混ぜて8等分し、水でぬらした手で丸く形作る。

2 中華鍋に揚げ油を入れて高温に熱し、1の半量を入れて裏返しながら3～4分揚げて取り出し、残りも同じように揚げる。

3 フライパンにBを入れ、弱火で香りよく炒める。

4 鍋に2、鶏がらスープ、3を入れて中火にかけ、Cで調味する。煮立ったら、火を弱めてアクを取り、10分ほど煮る。

5 春雨、チンゲンサイの根元、長ねぎを加え、ふたをして3分ほど煮てから、チンゲンサイの葉を加えてさっと煮る。

●鍋のあと

残りの煮汁にごはん（茶碗大盛り1杯）を加えて3分ほど煮る。取り分けて白ごまをふり、好みで豆板醤を加える。

大きな肉だんごの
うまみが溶け込んだ
中国の家庭料理。
香りと辛みを移した
ごま油を加えると、
プロの味わいに！

はりはり鍋

3章 今夜はどんな味？ しょうゆ味の鍋

材料（4人分）

水菜　2束（400g）▷ 4～5㎝長さに切る
油揚げ　6枚
山いも　400g
生しいたけ　8枚 ▷ 軸つきのまま縦半分に切る

煮汁

だし汁　6～7カップ
A 酒　大さじ2
　みりん　大さじ2
　うす口しょうゆ　大さじ3

作り方

1 山いもは皮をむいてすりおろし、半分に切って袋状に開いた油揚げに詰める。

2 鍋にだし汁を入れて中火で煮立て、Aで調味する。生しいたけを加えて4～5分煮て、1を加える。

3 再び煮立ったら、火を弱めてふたをし、5～6分煮て、最後に水菜を加えて火を止める。

● 鍋のあと

残った煮汁と野菜を温かいごはんにかけ、ゆずこしょうをのせる。

大阪名物のはりはり鍋は鯨肉と水菜ですが、鯨の代わりにとろろ詰めの油揚げを。水菜の食感がはりはりの語源です。

3章 今夜はどんな味？ しょうゆ味の鍋

ねぎま鍋

材料（4人分）
まぐろ（刺身用の赤身）　300g ▷1.5cm幅に切る
長ねぎ　4本 ▷3cm長さに切る
しょうが　大1かけ ▷せん切り

煮汁
だし汁　1½カップ
酒・みりん　各大さじ4
砂糖　大さじ1
しょうゆ　大さじ4〜5

● 薬味
おろしわさび

作り方
1 ボウルに煮汁の材料を入れて混ぜ合わせる。

2 鍋にまぐろ、長ねぎを並べてしょうがを散らす。

3 鍋に1を注ぎ、ふたをして中火にかける。煮立ったら弱火にし、長ねぎが少ししんなりするまで4〜5分煮る。

● 鍋のあと

ゆでうどん（2人分）を残った煮汁に加え、からめるように煮て、長ねぎの小口切りを散らす。

具材はねぎとまぐろのみ。江戸ッ子好みの粋な鍋です。まぐろは表面が白くなって中がまだレアの状態がベスト。

きのこ鍋

3章 今夜はどんな味？ しょうゆ味の鍋

材料（4人分）

しめじ　大1袋 ▷ 3〜4本ずつにほぐす
えのきだけ　大1袋 ▷ 根元を切る
生しいたけ　6枚 ▷ 軸つきのまま縦4等分に切る
白まいたけ　1½パック（150g）▷ 食べやすくほぐす
なめこ　1½袋（150g）
厚揚げ　1丁（300g）▷ 一口大に切る
鶏ひき肉　200g
酒　大さじ4

煮汁

だし汁　6〜7カップ
A みりん　大さじ2
　 うす口しょうゆ　大さじ3〜4

● 薬味
七味唐辛子

作り方

1 鍋にひき肉を入れて酒でほぐし、だし汁を加えて混ぜ、中火にかける。

2 煮立ったら、火を弱めてアクを取り、Aで調味し、ふたをして5〜6分煮る。

3 ふたを取り、5種類のきのこ、厚揚げを加えてさらに5〜6分煮る。

● 鍋のあと

そうめん（200g）を、残った煮汁で1〜2分煮て、小ねぎの小口切りを散らす。

きのこは多種類を煮るとうまみがぐっと強くなります。さらに鶏ひき肉とかつおのだしでうまみ倍増！

3章 今夜はどんな味？ 塩味の鍋

ギョーザ鍋

材料（4人分）

ギョーザ
　ギョーザの皮　24枚
　白菜　200g ▷みじん切りにして塩をまぶし、30分おく
　塩　小さじ½
　豚ひき肉　200g
　A 長ねぎ（みじん切り）　大さじ3
　　おろししょうが　小さじ½
　　片栗粉　大さじ1
　　酒　大さじ2
　　しょうゆ　小さじ1
　　砂糖　小さじ½
　　こしょう　少々
　　ごま油　大さじ½
なす　4個 ▷ピーラーで皮をむいて8mm角の棒状に切り、水で洗う
ゆでたけのこ　100g ▷細切り
エリンギ　1袋 ▷8mm角の棒状に切る
ブナピー　1袋 ▷1～2本ずつにほぐす

煮汁

鶏がらスープ　6～7カップ
B 酒　大さじ3
　塩　小さじ1½
　こしょう　適宜

作り方

1 ギョーザを作る。ボウルにひき肉を入れ、Aを加えて手でよく混ぜ、塩をした白菜の水けを絞って混ぜ込む。ギョーザの皮に等分にのせて縁に水をぬり、2つに折ってはりつけ、乾いたふきんにのせておく。

2 鍋に鶏がらスープを入れて中火にかけ、煮立ったらBで調味する。

3 2に野菜ときのこを加え、野菜がしんなりしたらギョーザを加える。ギョーザが浮いてきたら取り分け、好みでラー油をかける。

● 薬味
ラー油

● 鍋のあと

そうめん（乾燥・100g）を残った煮汁で1～2分煮て、好みで黒こしょうをふる。

56

なすとたけのこ、きのこのだしが出たスープでギョーザを煮ます。鍋あとのそうめんまで塩味ですっきりと。

えびしんじょう鍋

材料（4人分）

えびしんじょう
  えび（むき身）　300g ▷ 背ワタを取り、1cm幅に刻む
  A 長ねぎ（みじん切り）　大さじ3
    しょうが汁　小さじ1/2
    酒　大さじ1
    塩　小さじ1/5
  B れんこんのすりおろし　120g
    れんこん　80g ▷ 5mm角に切る
ブナピー　2袋 ▷ ほぐす
レタス　1個 ▷ 6～7cm四方に切る

煮汁

だし汁　6～7カップ
C 酒　大さじ4
  うす口しょうゆ　大さじ1
  塩　小さじ1 1/3

作り方

1 えびしんじょうを作る。えびはフードプロセッサーで粗いすり身にし、大きめのボウルに移す。Aを加えて手でよく混ぜ、Bを加えて混ぜる。鍋に湯を沸かし、スプーンで形作って落とし、色が変わったら取り出す。

2 食卓に出す鍋にだし汁を入れて煮立て、Cで調味し、1を加える。煮立ったらブナピーを加え、火を弱めてふたをして6～7分煮る。

3 レタスを加えてさっと煮る。

● 鍋のあと

中華麺（2人分）を、残った煮汁で煮て、好みで長ねぎの小口切り、ゆずこしょうをのせる。

えびのすり身をれんこんでまとめた、プリプリのえびしんじょうです。角切りれんこんが食感にメリハリを与えます。

豚バラのモツ鍋風

3章 今夜はどんな味？ 塩味の鍋

材料（4人分）

豚バラ肉（薄切り）　400g ▷ 10〜12cm長さに切る
キャベツ　½個 ▷ 4〜5cm四方に切る
にら　2束（200g）▷ 3〜4cm長さに切る
にんにく　3かけ ▷ 薄切り
赤唐辛子　3本 ▷ 種を取って輪切り

煮汁

鶏がらスープ　6〜7カップ
A 酒　大さじ4
　 塩　小さじ2

作り方

1 鍋に鶏がらスープと豚肉を入れ、中火にかけて肉をほぐし、色が変わったらアクを取る。Aで調味し、ふたをして弱火で15分ほど煮る。

2 ふたを取り、キャベツを加えてしんなりするまで煮たら、にら、にんにく、赤唐辛子を加え、さっと煮る。

● 鍋のあと

焼きそば用の蒸し麺（2人分）を、残った煮汁を吸わせるように煮て、あれば刻んだにらを加える。

モツの代わりに豚バラで作ってみたら「こっちもおいしい！」身近な材料でいつでも味わえるのが魅力です。

鯛ともちの雪見鍋

3章 今夜はどんな味？ 塩味の鍋

材料（4人分）

鯛（切り身） 4切れ ▷ 1切れを4等分に切り、Aをもみ込む
A｜酒 大さじ1
　｜塩 少々
切りもち 4切れ ▷ 3等分に切る
天ぷら衣
　｜卵 1個
　｜冷水 1⅓カップ
　｜小麦粉 2カップ
　｜いり黒ごま 大さじ1
揚げ油 適宜
大根 ½本 ▷ 皮をむいてすりおろす
わけぎ 1束（200g） ▷ 小口切り
ゆずの皮 1個分 ▷ せん切り

煮汁

だし汁 5カップ
B｜酒 大さじ3
　｜うす口しょうゆ 大さじ1
　｜塩 小さじ1⅓

作り方

1　天ぷら衣を作る。ボウルで卵を溶いて冷水を混ぜ、小麦粉を加えてさっと混ぜ、2等分して片方に黒ごまを混ぜる。

2　揚げ油を中温に熱し、もちに黒ごまの衣をつけて入れ、裏返しながら3分ほど揚げる。

3　鯛に1の残りの衣をつけて揚げ油に入れ、2分ほどかけてカリッと揚げる。

4　鍋にだし汁を煮立ててBで調味し、2、3を加え、煮立ったら大根おろしを加える。

5　煮立ったら、わけぎ、ゆずを散らす。

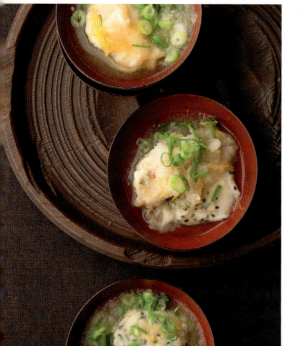

鯛ともちの天ぷらをたっぷりの大根おろしで煮る、さっぱりした塩味の鍋。おろしを加えたら煮すぎないこと。

ゆで豚と古漬け白菜の鍋

3章 今夜はどんな味？ 塩味の鍋

材料（4人分）
豚バラ肉（かたまり）　500g
水　3～4カップ
A｜酒　1/3カップ
　｜塩　小さじ1/2
　｜しょうがの皮　1かけ分
　｜長ねぎの青い部分　1本分
凍み豆腐＊　1丁 ▷ 2つに切ってから1cm厚さに切る
白菜漬け（古漬け）　600g ▷ 12cm長さに切り、縦せん切りにする
春雨（乾燥）　100g ▷ 熱湯で1分ほどゆで、食べやすく切る

煮汁
鶏がらスープ　10カップ
B｜酒　大さじ3
　｜塩　小さじ1

● 薬味
香菜の小口切り
長ねぎのみじん切り
にんにくのみじん切り
おろししょうが、豆板醤

作り方
1 ゆで豚を作る。鍋に豚肉と分量の水を入れて中火にかける。煮立ったらAを加え、再び煮立ったら火を弱め、ふたをして1時間ほどゆでる。そのまま冷まし、冷蔵庫に入れて脂を固めて取り除く。肉は薄切りにしてゆで汁はこす。

2 鍋に鶏がらスープ、1の豚のゆで汁を入れて中火にかけ、煮立ったらBで調味する。

3 1のゆで豚、白菜漬け、春雨、凍み豆腐を入れて煮る。

★凍み豆腐の作り方
木綿豆腐1丁（300g）を一晩冷凍し、自然解凍して水けを絞って使う。

● 鍋のあと

残った煮汁を温かいごはんにかけ、好みで香菜、黒こしょうをふる。

酸っぱくなった白菜漬けは
うまみのかたまり。
ゆでた豚肉と自家製凍み豆腐と
一緒に煮ると、
しみじみおいしい!

かきの土手鍋

3章 今夜はどんな味？ みそ味の鍋

材料（4人分）

かき（むき身）　400〜500g ▷ 塩水の中で軽く洗い、水けをきる
焼き豆腐　2丁（600g） ▷ 2つに切り、2cm幅に切る
生しいたけ　8枚 ▷ 笠に飾り切りをする（→p.139）
玉ねぎ　小2個 ▷ くし形切り
春菊　1束（200g） ▷ 葉を摘む

煮汁

赤だしみそ　50g
信州みそ　30g
A 酒・みりん　各大さじ2
　砂糖　大さじ1
　おろししょうが　小さじ1
だし汁　1〜2カップ

作り方

1　2種類のみそとAを練り合わせる。

2　鍋底を避けて鍋の内側に1を塗り、春菊以外の具材を入れてからだし汁を注ぐ。

3　中火にかけ、煮立ってきたら火を弱めてふたをする。具材に火が通ったら、春菊を加えてさっと煮る。

● 鍋のあと

残った煮汁にだし汁か水を加え、煮立ったらトック（100g）を加え、ふたをして柔らかくなるまで煮る。好みで豆板醤を加える。

みその土手がだんだん溶けてちょうどいい味加減に。みその香ばしさとコクが堪能できる、みそ味鍋の代表格です。

3章 今夜はどんな味？ みそ味の鍋

いわしのつみれ鍋

材料（4人分）

つみれ
　いわし　6尾
　A 長ねぎ（みじん切り）　大さじ4
　　おろししょうが　小さじ2
　みそ　大さじ1
　酒　大さじ2
　片栗粉　大さじ2
ごぼう　大1本（200g）▷皮をこそげてささがきにし、水に5分さらして水けをきる
にんじん　1本 ▷スライサーで太めのせん切り
わけぎ　1束（200g）▷小口切り

煮汁

だし汁　6〜7カップ
酒　大さじ4
みそ　60g

● 薬味
　粉山椒

作り方

1 つみれを作る。いわしは手開き（→p.138）にし、1cm幅に切って包丁でたたき、Aを混ぜてさらにたたく。ボウルに移し、みそ、酒、片栗粉を混ぜる。

2 鍋にだし汁を入れて中火にかけ、煮立ったら酒を加える。水でぬらしたスプーンで1を一口大に形作って落とす。火を弱めてアクを取り、5分ほど煮る。

3 ごぼう、にんじんを加えて10分ほど煮たら、みそを溶き入れてわけぎを散らす。

● 鍋のあと

ゆでうどん（2人分）を、残りの煮汁でさっと煮て、好みでわけぎや七味唐辛子をふる。

魚のくさみを消して
うまみを引き立てるのに
最適なのが、みそ味です。
手作りのつみれは
とびっきりのおいしさ。

3章 今夜はどんな味？ みそ味の鍋

石狩鍋

材料(4人分)

塩鮭(甘口) 3切れ ▷ 1切れを4つに切る
帆立貝柱 6個 ▷ 縦2つに切る
じゃがいも 小4個 ▷ ひと口大に切り、10分ほど水にさらし、水けをきる
玉ねぎ 小2個 ▷ 半月切りにし、楊枝で刺す
ホールコーン 1缶(150g) ▷ 汁をきる
ブロッコリー 小1個 ▷ 小房に分け、大きなものは縦半分に切り、かためにゆでる

煮汁

だし汁 5カップ
牛乳 2カップ
みそ 50g
バター 50g

作り方

1 鍋にだし汁、じゃがいもを入れて中火にかけ、煮立ったら火を弱めて5分ほど煮る。

2 塩鮭、玉ねぎを加えて5分ほど煮て、貝柱、コーン、ブロッコリーを加えてさっと煮る。

3 牛乳を加えて中火にし、煮立ってきたら火を弱めてみそを溶き入れ、バターを加える。玉ねぎの楊枝は食べるときに抜く。

● **鍋のあと**

ゆでたマカロニ(乾燥・150g)を、残った煮汁で煮て、好みで粉チーズ、粗びき粉唐辛子をふる。

70

北海道の味覚満載のご当地鍋。牛乳とだし汁をみそで調味したまろやかな味は、子どもたちもお気に入りです。

ほうとう鍋

3章 今夜はどんな味？ みそ味の鍋

材料（4人分）

ほうとう（市販。生麺） 300g
鶏もも肉 2枚(500g) ▷ 2〜3cm四方に切る
かぼちゃ 300g ▷ 1cm厚さに切り、3cm長さに切る
にんじん 1本 ▷ 縦2つに切り、1cm幅の斜め切り
なす 2個 ▷ 縦縞になるようにピーラーで皮をむき、縦2つに切って斜め切り
長ねぎ 2本 ▷ 2cm幅の斜め切り
小松菜 1束(200g) ▷ 根元に十文字の切り込みを入れ、3cm長さに切る

煮汁

だし汁 6〜7カップ
酒 大さじ3
みそ 50〜60g

● 薬味

七味唐辛子

作り方

1 鍋にだし汁、酒、鶏肉を入れに中火にかける。煮立ったら火を弱めてアクを取り、ふたをして10分ほど煮る。

2 かぼちゃ、にんじん、なすを加え、ふたをして弱火で5分ほど煮る。ふたを取り、長ねぎ、ほうとうを加え、5〜6分煮る。

3 みそを溶き入れ、小松菜をちらしてさっと煮る。

みそは香りが飛ばないよう、最後に溶き入れるのがミソ。ほうとうによく合うかぼちゃは必ず入れましょう。

だご汁鍋

3章 今夜はどんな味？ みそ味の鍋

材料(4人分)
だご
　小麦粉　200g
　水　2/3カップ
鶏もも肉　大1枚(300g) ▷ 2〜3cm四方に切る
大根　300g
　▷1.5cm厚さの半月切り。米のとぎ汁で20分ほどゆで、冷ましてから水で洗う
にんじん　1本 ▷ 8mm厚さの輪切り
さつまいも　1本 ▷ 皮つきで1cm厚さの輪切り。水に10分ほどさらして水けをきる
ごぼう　1本 ▷ 皮をこそげて斜め輪切り。水に5分ほどさらして水けをきる
油揚げ　2枚 ▷ 横2つに切り、2〜3cm幅に切る
わけぎ　1束(200g) ▷ 2cm長さに切る

煮汁
いりこと昆布のだし　6〜7カップ
酒　大さじ3
麦みそ　60g

● 薬味
ゆずの皮

作り方

1 だごの生地を作る。ボウルに小麦粉を入れて水を加えていき、耳たぶのかたさになるまでこねる。ラップをかけて30分ほど寝かせる。

2 鍋にだし汁、酒、鶏肉を入れて中火にかけ、煮立ったら火を弱めてアクを取り、ふたをして5分ほど煮る。

3 大根、にんじん、さつまいも、ごぼう、油揚げを2に加え、ふたをして弱火で10分ほど煮る。1の生地を引きちぎって鍋に落とし、6〜8分煮る。

4 みそを溶き入れ、わけぎを散らす。

だごの生地はひと口大に引きちぎって鍋に落とす。

小麦粉の生地を引きちぎっただご（だんご）を根菜とともに麦みそで煮た、大分の郷土鍋。〆も入った大満足の鍋です。

白菜のひき肉はさみ鍋

3章 今夜はどんな味？ みそ味の鍋

材料（4人分）

白菜　½個 ▷縦２つに切る
豚ひき肉　400g
A 長ねぎ（みじん切り）　½本分
　にんにく（みじん切り）　小さじ1
　おろししょうが　小さじ1
　みそ・酒　各大さじ2
　こしょう　少々
万能ねぎ　1束 ▷７〜８cm長さに切る
ごま油　大さじ1
粉唐辛子　小さじ½〜1
いり白ごま　大さじ1

煮汁

鶏がらスープ　４〜５カップ
酒　大さじ4
みそ　60g

作り方

1 ひき肉にAを加え、粘りが出るまでよく練る。

2 半分にした白菜に１の½量を、葉と葉の間に塗るようにはさんでいく。残りも同じようにはさみ、タコ糸で全体を軽く縛る。

3 鍋に２を入れて鶏がらスープを注ぎ、中火にかける。煮立ったら酒をふり、ふたをして弱火にし、クタクタにやわらかくなるまで煮る。

4 ボウルにみそを入れて３の煮汁で溶きのばし、鍋に戻してふたをし、10〜15分煮込む。

5 白菜を取り出して糸を取り、４〜５cm幅に切る。鍋に戻し入れ、再び煮立ったらごま油をふり、万能ねぎをのせ、粉唐辛子、白ごまをふる。

●鍋のあと

切りもち（６切れ）を半分に切り、残った煮汁に入れてふたをし、弱火で煮る。好みで万能ねぎや粉唐辛子をふる。

ひき肉をはさんでよ〜く煮た白菜の甘みにびっくり！材料はシンプルですが、みそが味わいを深めます。

3章 今夜はどんな味？ みそ味の鍋

蒜山鍋
(ひるぜん)

材料（4人分）

牛肉（しゃぶしゃぶ用）　300g
白菜　300g ▷ 5〜6㎝長さに切り、縦1㎝幅に切る
しめじ　大1袋 ▷ ほぐす
ブナピー　1袋 ▷ ほぐす
クレソン　4束（200g）▷ 長ければ半分に切る
黄にら　200g ▷ 4〜5㎝長さに切る

煮汁

だし汁　4〜5カップ
酒　大さじ4
牛乳　2カップ
みそ　50〜60g

作り方

1 鍋にだし汁を入れて中火にかけ、煮立ったら酒をふり、白菜、しめじ、ブナピーを加える。

2 きのこがしんなりしたら、牛肉を加えてほぐし、色が変わったらアクを取り、5〜6分煮る。

3 牛乳を加え、煮立ってきたら火を弱めてみそを溶き入れる。クレソン、黄にらをのせてさっと煮る。

● 鍋のあと

ゆできしめん（2人分）を、残った煮汁で煮て、好みで黒こしょうをふる。

78

名産のジャージー牛と牛乳を生かした岡山県蒜山高原の名物鍋ですが、違う牛でも間違いなくおいしく作れます。

粕鍋

3章 今夜はどんな味？ みそ味の鍋

材料（4人分）

塩鮭（甘口）　3切れ ▷ 1切れを3〜4等分に切る
木綿豆腐　2丁（600g）▷ 2つに切り、1.5cm厚さに切る
大根　½本 ▷ 1cm厚さの半月切り
にんじん　1本 ▷ 5〜6mm厚さの輪切り
わけぎ　1束（200g）▷ 根元は斜め輪切り、青い部分は3cm長さに切る

煮汁

だし汁　6〜7カップ
酒粕　120g ┐ 混ぜ合わせる
みそ　50g ┘

● **薬味**
おろししょうが

作り方

1 鍋にだし汁、大根、にんじんを入れて中火にかける。煮立ったらふたをして弱火にし、大根がやわらかくなるまで15分ほど煮る。

2 塩鮭を加えて5分ほど煮たら、豆腐を加える。豆腐が温まったら、合わせた酒粕とみそを溶き入れ、わけぎの根元を加え、しんなりしたら青い部分も加えてさっと煮る。

● **鍋のあと**

切りもち（4切れ）を、残った煮汁に入れ、ふたをして7〜8分蒸し煮にする。好みでもみのりとおろししょうがでいただく。

酒粕とみそは相性バッチリ。混ぜるとよりおいしくなります。体が芯からあったまる、寒い日にうれしい鍋です。

韓国風すき焼き

3章 今夜はどんな味？ ピリ辛味の鍋

材料（4人分）

牛肉（焼き肉用）　400g ▷細切りにしてAをもみ込む
A にんにく（みじん切り）　小さじ1
　長ねぎ（みじん切り）　大さじ2
　酒・しょうゆ　各大さじ2
　砂糖　大さじ½
　いり白ごま・ごま油　各大さじ1
　粉唐辛子　少々
白菜　3〜4枚 ▷5〜6cm長さ、縦1cm幅に切る
玉ねぎ　小2個 ▷縦2つに切って芯を取り、縦6〜8mm幅に切る
生しいたけ　6枚 ▷軸を切り、6〜8mm幅に切る
にんじん　1本 ▷4〜5cm長さのせん切り
もやし　1袋（200g）
にら　1束（100g）▷4〜5cm長さに切る
卵　4個
粉唐辛子・いり白ごま　各少々
ごま油　大さじ2

煮汁

だし汁　1½カップ
しょうゆ　大さじ3
酒　大さじ2
砂糖　大さじ1

作り方

1　煮汁の材料は混ぜ合わせる。

2　材料の½量ずつを2回に分けて煮る。すき焼き鍋にごま油を塗り、下味をつけた牛肉、野菜を並べ、中心に卵を割り入れる。粉唐辛子、白ごまをふり、1を注いで中火にかける。

3　煮立ってきたら、ふたをして野菜がしんなりするまで煮て、卵をくずして混ぜる。

● 鍋のあと

ごはん（茶碗2杯）を入れ、残った煮汁を吸わせて焼きつけるように炒め、もみのりを混ぜる。

具材を彩りよく並べて卵を落とし、日本のすき焼きのように少ない煮汁で煮ます。ちょっと辛くてマシッソヨ（おいしい）！

サンラータン鍋

3章 今夜はどんな味？ ピリ辛味の鍋

材料（4人分）

豚ロース肉（しゃぶしゃぶ用） 200g ▷ 2〜3等分に切る
絹ごし豆腐 1丁（300g）▷ 2つに切り、1cm幅に切る
A ゆでたけのこ 100g ▷ 縦2つに切り、縦に薄切り
　きくらげ（乾燥）10g ▷ 水に20〜30分浸して戻し、食べやすく切る
　玉ねぎ 1個 ▷ 縦2つに切り、芯を取り、縦に薄切り
　マッシュルーム 100g ▷ 1cm幅に切る
トマト 1個 ▷ 縦2つに切り、半月切り
卵 2個
香菜 1束 ▷ 3cm長さに切る
ごま油 大さじ2
黒こしょう 小さじ½〜1
ラー油 適量

煮汁

鶏がらスープ 6〜7カップ
B 酒 大さじ3
　しょうゆ 大さじ3
　砂糖 大さじ1
酢 大さじ3〜4

作り方

1 フライパンにごま油を熱してAを炒めて、黒こしょうをふり、鶏がらスープを加える。

2 煮立ったら鍋に移して中火にかけ、煮立ったら火を弱めてアクを取る。Bで調味し、ふたをして8分ほど煮る。

3 2に豚肉を広げて入れ、豆腐、トマトを加えてさっと煮る。卵を溶いて流し、酢を加えて軽く煮たら、香菜をのせてラー油かける。

●鍋のあと

ゆで中華麺（2人分）を残った煮汁で煮て、好みで香菜をのせる。

酸っぱくて辛い人気の麺「酸辣湯」のおいしさを鍋仕立てに。黒こしょうとラー油がポイントです

ココナッツカレー鍋

3章 今夜はどんな味? ピリ辛味の鍋

材料（4人分）

鶏もも肉　2枚(500g) ▷ 2〜3cm四方に切り、Aをふる
A 塩　小さじ1/3
　こしょう　少々
にんにく　大1かけ ▷ みじん切り
玉ねぎ　1個 ▷ みじん切り
B エリンギ　大2本 ▷ 長さを2つに切り、縦2つに切る
　ズッキーニ　1本 ▷ 1cm厚さの輪切り
　なす　2個 ▷ ピーラーで皮を縞にむき、1cm厚さの輪切り
　パプリカ（黄）　1個 ▷ 2cm四方に切る
ミニトマト　8個
油　大さじ2
カレー粉　大さじ3

煮汁

水　4カップ
ナンプラー　大さじ3
ココナッツミルク　2カップ

作り方

1 フライパンに油を熱してにんにく、玉ねぎをしんなりするまで炒め、鶏肉を加えて炒める。肉の色が変わったら、Bを加えて炒め、カレー粉をふって炒める。

2 鍋に移して分量の水を加え、煮立ったらアクを取り、ナンプラーを加え、ふたをして弱火で15〜20分煮る。

3 ミニトマト、ココナッツミルクを加えてさっと煮る。

●鍋のあと

ゆでたそうめん（乾燥・150g）を残った煮汁でさっと煮て、好みで香菜をのせる。

ごはんなしでこのまま食べるカレー味の鍋。煮すぎるとココナッツミルクの香りが飛ぶので、仕上げに加えるのがコツです。

トム・ヤム・クン鍋

3章 今夜はどんな味？ ピリ辛味の鍋

材料（4人分）

- 有頭えび　大8尾　▷ 背ワタを取る（→p.138）
- 玉ねぎ　小2個　▷ 縦2つに切って芯を取り、縦1㎝幅に切る
- マッシュルーム　200g　▷ 縦4等分に切り、Aをふる
- **A** レモン汁　少々
- 春雨（乾燥）　70g　▷ 熱湯に浸して戻し、食べやすく切る
- アボカド（硬め）　2個　▷ 種と皮を除き、縦8等分のくし形に切って**B**をふる
- **B** レモン汁　大さじ2
- 香菜　1束　▷ 5〜6㎝長さに切る

煮汁

- 鶏がらスープ　6〜7カップ
- **C** にんにく　2かけ　▷ 縦2つに切ってつぶす
  - しょうが　1かけ　▷ 薄切り
  - レモングラス*　1〜2本　▷ 斜め切り
  - 生または冷凍唐辛子（極小）*　4〜5本
  - こぶみかんの葉*　3〜4枚　▷ 3㎝幅に切る
- 酒　大さじ4
- ナンプラー　大さじ3
- ごま油　大さじ2
- レモン汁　大さじ3

★レモングラス、極小の唐辛子、こぶみかんの葉は東南アジア食材店で入手できる。唐辛子は乾燥の赤唐辛子を水で戻して使ってもよい。

作り方

1 鍋に、鶏がらスープ、**C**を入れて中火にかけ、煮立ったら酒をふり、えび、玉ねぎ、マッシュルーム、春雨を加える。

2 再び煮立ったらナンプラーで調味し、火を弱めて5〜6分煮る。

3 アボカドを加えてさっと煮て、ごま油、レモン汁をふり、香菜を加える。

● 鍋のあと

ごはん（茶碗2杯）を流水で洗い、残った煮汁でさっと煮る。好みで刻んだ香菜を散らす。

タイのハーブや唐辛子が入った、辛くて酸っぱいスープ仕立て。鍋にアボカド!?これが美味なのです。

ブイヤベース

3章 今夜はどんな味? 洋風味の鍋

材料(4人分)

有頭えび 大4尾 ▷背ワタを取る(→p.138)
鯛(切り身) 2切れ
ムール貝 4個
A にんにく 1かけ ▷みじん切り
 玉ねぎ 1個 ▷みじん切り
トマト 1個 ▷1cm角に切る
サフラン 小さじ½～1
白ワイン ⅓カップ
水 4カップ
タイム 少々
塩 小さじ1
黒こしょう 少々
イタリアンパセリ 適量 ▷ざく切り
オリーブ油 大さじ4

作り方

1 魚介の下ごしらえをする。鯛はそれぞれを3つに切り、両面に多めの塩(分量外)をふって10分ほどおく。熱湯で霜降り(→p.138)にして残ったウロコを取る。ムール貝は殻をよく洗い、殻から出ているひもを抜き取る。

2 鍋にオリーブ油を弱火で熱してAをしんなりするまでよく炒め、サフランを加えてさっと炒める。中火にして、ムール貝、えびを加えてさっと炒め、白ワインをふり、分量の水を加える。

3 煮立ったら、トマト、タイムを加え、塩、黒こしょうで調味して5～6分煮る。鯛を加えて5～6分煮て、イタリアンパセリを散らす。

● **鍋のあと**

スライスしたフランスパン(8～12枚)をトースターで焼き、スープに浸していただく。

サフランとハーブが香る、魚介のうまみたっぷりの南仏風鍋。〆はおいしいスープにパンを浸して。

ボルシチ

3章 今夜はどんな味？ 洋風味の鍋

材料（4人分）
牛すね肉（かたまり） 400g ▷ 5cm角に切り、室温に戻す
ビーツ（生）＊ 1個 ▷ よく洗う
水 7〜8カップ
A｜白ワイン 1/3カップ
　｜ローリエ 1枚
　｜にんにく 1かけ
　｜塩 小さじ1
B｜キャベツ 400g ▷ 6〜7cmくらいに切る
　｜じゃがいも 大3個 ▷ 皮をむいて4等分に切り、水に10分ほどさらす
　｜玉ねぎ 2個 ▷ 縦4等分に切る
塩 小さじ1/2〜1
こしょう 少々

★ビーツは生がなければ缶詰を使い、食べやすく切って作り方3で加える。

● 薬味
サワークリーム

作り方
1 鍋に牛肉、ビーツ、分量の水を入れて中火にかけ、煮立ったら火を弱めてアクを取る。Aを加えてふたをし、弱火で1時間〜1時間30分ゆでる。

2 ビーツを取り出して粗熱を取り、手で皮をむき（下写真参照）、縦4等分に切って1.5cm厚さのいちょう切りにする。

3 1にBを加えて中火にかけ、煮立ったら火を弱めて20分ほど煮て、2を加えて温め、塩、こしょうで調味する。

● 鍋のあと

スパゲッティ（乾燥・150g）を手で折り、残った煮汁で煮る。好みでパルメザンチーズをかける。

真っ赤なビーツが特徴の
ロシアのボルシチ。
サワークリームをのせて、
牛肉と野菜のハーモニーを味わいます。

ポトフ

3章 今夜はどんな味？ 洋風味の鍋

牛すねのかたまり肉をコトコト煮た味わい深いスープ。最後に肉を切り分けます。

材料（4人分）

- 牛すね肉（かたまり）　700〜800g
  - ▷タコ糸を巻いて形を整え、室温にもどす
- 水　10カップ
- A
  - ブーケガルニ（セロリの葉、パセリの軸、ローリエ、タイムなど）　1束
  - 白ワイン　1/3カップ
  - 塩　小さじ1
  - 粒こしょう　小さじ1/2
- 玉ねぎ　小4個
  - ▷根元に十文字の浅い切り込みを入れる
- セロリ　2本　▷筋を取り、長さを2つに切る
- にんじん　2本　▷長さを2つに切る
- かぶ　小4個
  - ▷茎を5〜6cm残して切り、皮をむく
- じゃがいも　4個
  - ▷皮をむき、水に10分ほどさらす
- 塩・こしょう　各少々

作り方

1. 鍋に分量の水を入れて沸かし、牛肉を加える。煮立ったら火を弱めてアクを取り、Aを加え、ふたをして弱火で1時間ほど煮る。

2. 野菜を加えて中火にし、煮立ったら火を弱めてふたをし、野菜がやわらかくなるまで煮て、塩、こしょうで調味する。

3. 牛肉を取り出してタコ糸を取り、食べやすく切る。

● 薬味

粒マスタード

★ブーケガルニはハーブをタコ糸で束ね、煮込みの香りづけに使うもの。

ソーセージの味出し効果はバッグン！スープの素でおいしく手軽に作れます。

キャベツと
ソーセージの鍋

材料（4人分）
キャベツ　1個
　▷縦8等分のくし形に切る
フランクフルトソーセージ　小8本（300g）
　▷両面に浅く切り込みを入れる
水　4カップ
洋風スープの素（顆粒）　小さじ1
塩　小さじ1
こしょう　少々

作り方
1 鍋にキャベツ、ソーセージ、分量の水、スープの素を入れて中火にかける。

2 煮立ったら、塩、こしょうで調味し、ふたをして弱火で30分ほど煮る。

● 薬味
フレンチマスタード

鍋に添えたい小皿料理

鍋のときに軽くつまめる料理があるとうれしいですね。
鍋とは違う味つけで味がはっきりしていて、
シャキシャキ、パリパリなど
食感が楽しめる料理が鍋物には合います。

焼く

［ピリ辛味の鍋と］ ギョーザの皮の肉はさみ焼き

［しょうゆ味の鍋と］ 玉ねぎのチーズ焼き

［塩味の鍋と］ 焼きわけぎのおひたし

［みそ味の鍋と］ かぼちゃのソテー

［洋風味の鍋と］ エリンギのマヨネーズ焼き

ギョーザの皮の肉はさみ焼き

パリッ、サクッ! 香ばしく焼けた皮の中にはさっぱりした鶏ひき肉あんが。

材料（4人分）

ギョーザの皮　大8枚
鶏ひき肉　150g
A 長ねぎ（みじん切り）　大さじ2
  おろししょうが　小さじ½
  酒　大さじ1
  塩　小さじ¼
  こしょう　少々
油　適量

作り方

1 ボウルにひき肉、Aを入れて手でよく練る。
2 ギョーザの皮の半円部分に1を等分に塗り、2つに折る。
3 フライパンに油を熱して2を並べ、中火で2〜3分ほど色よく焼き、裏返してカリッと焼く。

玉ねぎのチーズ焼き

チーズの下にみそを仕込んでキリリと味を引き締め、うまみをプラス。

材料（4人分）

玉ねぎ　小2個
みそ　大さじ½
ピザ用チーズ　40g

作り方

1 玉ねぎは1cm厚さの輪切りにする。
2 オーブントースターの天板に並べ、表面にみそを薄くぬってチーズを等分にのせ、10〜12分焼く。

かぼちゃのソテー

表面はカリッ、中はほくほくのおいしさ。かぼちゃの甘さにいやされます。

材料（4人分）

かぼちゃ　¼個
オリーブ油　大さじ2
塩・こしょう　各少々

作り方

1 かぼちゃは皮つきのまま洗い、種をスプーンで取り、1cm厚さに切って長さを2つに切る。
2 フライパンにオリーブ油を熱し、1を中火で2分ほど焼く。裏返してふたをし、5分ほど弱火で蒸し焼きにする。やわらかくなったら中火にしてカリッとさせ、塩、こしょうをふる。

焼きわけぎのおひたし

ゆでずに焼いて作るおひたしは、とびきり香ばしくて箸が止まりません。

材料（4人分）

わけぎ　1束（200g）
A だし汁　大さじ3
  しょうゆ　大さじ1½
糸がつお　適宜

作り方

1 わけぎは根元の白い部分と葉とに切り分ける。
2 ガス台に焼き網をのせるか魚焼きグリルに入れ、全体がしんなりするまで焼き、3〜4センチ長さに切る。
3 器に盛り、混ぜ合わせたAをかけ、糸がつおを天盛りする。

エリンギのマヨネーズ焼き

しょうゆが隠し味のマヨネーズが美味! さっぱりして香ばしい。

材料（4人分）

エリンギ　2パック
A マヨネーズ　大さじ3
  しょうゆ　小さじ1
  塩・こしょう　各少々

作り方

1 エリンギは根元を少し切り落とし、縦4等分に切る。
2 ボウルでAを混ぜ、1を加えてからめる。
3 オーブントースターの天板に2を並べて、10〜12分ほど焼く。

あえる

塩味の鍋と 里芋のごまみそあえ

みそ味の鍋と シャキシャキじゃがいものサラダ

ピリ辛味の鍋と トマトののりあえ

しょうゆ味の鍋と ポテトサラダ

洋風味の鍋と にんじんのマリネサラダ

みそ味の鍋と 塩もみきゅうりの白あえ

里芋のごまみそあえ

こってりした味と食感が塩味の鍋に合います。冷ますと味がしみてさらに美味。

材料（4人分）

里いも　小8個
A 白すりごま　大さじ3
　みそ　大さじ1
　砂糖　小さじ1
　だし汁または水　大さじ2

作り方

1 里いもは皮をむき、塩（分量外）をまぶして水で洗い、ぬめりを取る。
2 鍋に、1、ひたひたの水を入れ、ふたをして中火にかける。煮立ったら弱火にして15分ほど、やわらかくなるまで蒸しゆでにし、ざるに上げる。
3 粗熱が取れたら、混ぜ合わせたAであえる。

シャキシャキじゃがいものサラダ

じゃがいもの歯ざわりが心地よい、エスニック味のサラダです。

材料（4人分）

じゃがいも　3個
香菜　適量
A ごま油　大さじ2
　ナンプラー・レモン汁　各大さじ1
　砂糖　小さじ1
　赤・青唐辛子（生または冷凍）　適宜

作り方

1 じゃがいもは皮をむいてスライサーで太めのせん切りにする。水で表面のでんぷんを洗い落とし、水けをきる。
2 たっぷりの沸騰した湯に1を入れて混ぜ、さっとゆでてざるに上げる。冷水で冷まして水けをよくきる。
3 Aを混ぜ合わせ、2、2〜3cm長さに切った香菜をあえる。

トマトののりあえ

材料も調味料も少なく、あっという間に完成。のりのうまみがきいてます。

材料（4人分）

トマト　中2個
しょうゆ　小さじ1
焼きのり（全形）　2枚

作り方

1 トマトはひと口大に切る。
2 のりはもみのりにする。
3 ボウルに1を入れてしょうゆを加えてからめ、2をまぶす。

ポテトサラダ

じゃがいもとゆで卵だけのちょっと濃厚なポテサラ。鍋の合いの手に最適です。

材料（4人分）

じゃがいも　4個
ゆで卵　2個
フレンチドレッシング（市販）　大さじ4
マヨネーズ　大さじ4
塩・黒こしょう　各少々

作り方

1 じゃがいもは皮をむいて縦2つに切り、さらに6等分に切り、水に10分ほどさらす。ゆで卵は縦6等分のくし形に切り、長さを2つに切る。
2 鍋に、じゃがいも、ひたひたの水を入れて中火にかけ、煮立ったらふたをして弱火で15分ほどゆで、ざるに上げる。空の鍋に戻して水分を飛ばしたらボウルに移し、ドレッシングを混ぜ、冷ます。
3 2にマヨネーズ、1のゆで卵を加えて混ぜ、塩で調味し、器に盛って黒こしょうをふる。

にんじんのマリネサラダ

にんじんにドレッシングの味がよくしみて美味。食べごたえがあります。

材料（4人分）

にんじん　2本
フレンチドレッシング（市販）
　　　　　　　　　大さじ4〜5
イタリアンパセリ　少々

作り方

1 にんじんは野菜スライサーで太めのせん切りにする。
2 ボウルに1を入れてドレッシングを混ぜ、しんなりするまで冷蔵庫におく。
3 器に盛り、イタリアンパセリを添える。

塩もみきゅうりの白あえ

しんなりしたきゅうりをクリーミーな衣であえた、さっぱり＆こってり味。

材料（4人分）

きゅうり　3本
塩　小さじ1½
木綿豆腐　1丁（300g）
A クリームタイプの練りごま　大さじ2
　マヨネーズ　大さじ2
　塩・こしょう　各少々

作り方

1 豆腐は沸騰した湯にぐずしながら入れ、ひと煮立ちしたらざるに上げ、冷めるまでおく。
2 きゅうりは薄い輪切りにし、塩を混ぜて10分ほどおき、水で洗って水けを絞る。
3 豆腐はすり鉢ですり、Aを混ぜてあえ衣を作り、きゅうりをあえる。

炒める

しょうゆ味の鍋と アボカドのマヨネーズ炒め

みそ味の鍋と 切り干し大根の炒めナムル

しょうゆ味の鍋と にんじんのたらこ炒め

塩味の鍋と ゆで大豆とじゃこのにんにく炒め

洋風味の鍋と りんごのバターソテー

みそ味の鍋と れんこんの甘酢炒め

アボカドのマヨネーズ炒め

マヨネーズを溶かして炒めると、味のベースにもなって一石二鳥。

材料(4人分)

アボカド　2個
レモン汁　大さじ½
マヨネーズ　大さじ4
A　しょうゆ　少々
　│　塩・こしょう　各少々

作り方

1 アボカドは縦2つに切り込みを入れ、ねじって2つに分けて種を取る。皮をむいて縦2つに切り、1.5cm幅に切り、レモン汁をふる。
2 フライパンにマヨネーズを入れて中火にかけて溶かし、1を炒める。Aで調味して軽く炒め、器に盛り、あれば粉唐辛子をふる。

切り干し大根の炒めナムル

切り干しの食べごたえ、にんにくとごま油の香りが魅力的です。

材料(4人分)

切り干し大根　60g
ごま油　大さじ2
A　にんにく(みじん切り)　小さじ1
　│　長ねぎ(みじん切り)　大さじ3
酒　大さじ1
B　砂糖　小さじ1
　│　しょうゆ　大さじ1
　│　塩・一味唐辛子　各少々
いり白ごま　少々

作り方

1 切り干し大根は水で洗い、たっぷりの水に袋の表示どおりに浸して戻し、戻し汁大さじ3〜4を取りおく。水けを絞り、長いものは食べやすく切る。
2 フライパンにごま油を熱して切り干し大根を炒め、Aを加えてさらに炒める。酒をふり、1の戻し汁、Bで調味して炒め、白ごまをふる。

にんじんのたらこ炒め

にんじんのシャキシャキ感とたらこのプチプチ感がやみつきのおいしさ。

材料(4人分)

にんじん　2本
たらこ　1腹
油　大さじ1
酒　大さじ1
しょうゆ・黒いりごま　各少々

作り方

1 にんじんは皮をむいて斜め薄切りにし、さらにせん切りにする。
2 たらこは薄皮に切り込みを入れ、中身を取り出す。
3 フライパンに油を熱して1を炒め、しんなりしたら2を加えて炒める。たらこに火が通ったら、酒をふってしょうゆで調味し、器に盛って黒ごまをふる。

ゆで大豆とじゃこの　にんにく炒め

じゃことにんにくのカリカリした食感が楽しく、あと引きの美味です。

材料(4人分)

ゆで大豆(ドライパック)　120g
ちりめんじゃこ　20g
長ねぎ(輪切り)　1本分
にんにく(薄切り)　1かけ分
油　大さじ2
酒　大さじ1
塩　少々

作り方

1 フライパンに油、にんにくを入れて弱火にかけ、カリッとするまで炒める。
2 長ねぎ、ちりめんじゃこ、大豆を加えて炒め、長ねぎがしんなりしたら酒をふり、塩で調味する。

りんごのバターソテー

デザートではありません。鍋の副菜に甘酸っぱいものはよく合います。

材料(4人分)

りんご(紅玉)　2個
バター　大さじ2
白ワイン　大さじ1
グラニュー糖　大さじ2
レモン汁　大さじ1〜2
ミント　少々

作り方

1 りんごは皮つきのまま洗い、縦2つに切り、1cm厚さの半月切りにし、芯をスプーンでくり抜く。
2 フライパンにバターを溶かして1の両面を炒め、白ワインをふり、ふたをして2分ほど蒸し焼きにする。
3 りんごがやわらかくなったらグラニュー糖をふり、からめるように炒める。レモン汁をふり、さっと炒めて器に盛り、ミントを添える。

れんこんの甘酢炒め

サクサクした口当たりと甘酸っぱさが、みそ味の鍋物を引き立てます。

材料(4人分)

れんこん　1節(250g)
油　大さじ1
赤唐辛子　½本
酒　大さじ1
A　水　大さじ2
　│　砂糖　大さじ1
　│　酢　大さじ2〜3
　│　塩　少々

作り方

1 れんこんはピーラーで皮をむいて縦2つに切り、2〜3mm厚さの半月切りにし、酢水(分量外)でさっと洗って水けをきる。赤唐辛子は種を除き、輪切りにする。
2 フライパンに油を熱してれんこんを炒め、透き通ったら、赤唐辛子を加えて酒をふり、Aで調味して炒め合わせる。

4章 2アイテムの シンプル鍋

豚肉＋ごぼう、牛すじ＋大根、
塩鮭＋白菜、コンビーフ＋キャベツなど、
文句なしに相性のよい具材2種を
とことん味わうための鍋。
二つの個性が相乗効果でおいしくなる
シンプル・イズ・ベストの典型です。
作り方もシンプル＆スピーディー！

豚バラとごぼうのしゃぶしゃぶ

材料（4人分）

豚バラ肉（しゃぶしゃぶ用）　400g
ごぼう　2本（300g）

煮汁

水　6〜7カップ
昆布　15cm　▷ 鍋に入れて2時間ほどおく
酒　1/3カップ

たれ

酢　1/2カップ
しょうゆ　1/2カップ
だし汁　1/2カップ　▷ 混ぜ合わせる
白切りごま　大さじ4
ラー油　適宜

● **たれ**
酢じょうゆだれ（右上参照）

作り方

1　ごぼうは皮をこそげて10cm長さに切り、スライサーで縦に薄切りにする。水でさっと洗い、水けをきる。

2　準備した鍋を中火にかけ、煮立ったら酒を加えてひと煮立ちさせ、弱火にして、1、豚肉を煮ながら、たれでいただく。

● **鍋のあと**

温かいごはんに残った具と煮汁、たれをかける。

豚バラとごぼう、個性の強い食材が出合って、新しいおいしさが生まれます。このたれの味も何とも秀逸！

大豆もやしと手羽先の鍋

4章 2アイテムのシンプル鍋

材料（4人分）

- 大豆もやし　2袋
- 鶏手羽先　12本（650g）▷関節で2つに切る
- 油　大さじ1
- 酒　1/3カップ
- 水　4〜5カップ
- A　みりん　大さじ2
- 　　砂糖　大さじ1
- 　　しょうゆ　大さじ4

作り方

1 フライパンに油を熱して鶏手羽先を入れ、中火で両面を焼きつける。

2 1を鍋に移して酒をふり、分量の水を加えて中火にかける。煮立ったら火を弱めてアクを取り、Aを加え、ふたをして弱火で20〜30分煮る。

3 大豆もやしを加え、しんなりするまで4〜5分煮る。

● 鍋のあと

ゆでうどん（2人分）を、残った煮汁で煮て、削り節、青のりをかける。

とろりとやわらかく煮た手羽先に、もやしを山盛りトッピング。コラーゲンが溶け込んだ"美肌鍋"です。

牛すじと大根の鍋

材料（4人分）

牛すじ　400g
大根　2/3本

煮汁

水　5〜6カップ
A　酒　大さじ4
　　しょうがの皮　1かけ分
　　塩　小さじ2/3
大根の葉（あれば）　適量 ▷刻む

たれ

しょうゆ　大さじ4
酢　大さじ2〜3
砂糖　小さじ1
ごま油　大さじ2
一味唐辛子　小さじ1/2
白切りごま　大さじ2
長ねぎ（みじん切り）　大さじ4
しょうが（みじん切り）　小さじ2
にんにく（みじん切り）　小さじ1

▷混ぜ合わせる

作り方

1 牛すじを下ゆでする。たっぷりの熱湯で5分ほどゆで、水で洗って余分な脂肪を取り、3cm長さに切る。

2 鍋に、1、分量の水を入れて煮立て、Aを加え、ふたをして弱火で40〜50分煮る。

3 大根は皮をむいて5cm長さに切り、縦2つに切り、さらに縦3〜4等分に切る。

4 2に3を加え、中火にして煮立ったら、ふたをして火を弱め、さらに20〜30分、大根がやわらかくなるまで煮る。

5 大根の葉を加え、たれをかけて混ぜる。

●たれ
薬味だれ（右上参照）

●鍋のあと

ぬるま湯で戻して食べやすく切ったフォー（乾燥・100g）を、残った煮汁で3分ほど煮て、あれば香菜をのせる。

最後に薬味たっぷりのたれで味つけするのが、この鍋のおいしさの秘密。香りよく食欲をそそります。

4章 2アイテムのシンプル鍋

カリフラワーの丸々鍋

丸ごとのカリフラワーにひき肉をはりつけて煮た、迫力満点の鍋。ケーキのようにカットしていただきます。

材料（4人分）

カリフラワー　1個（600g）
　▷ 葉があったら取る
片栗粉　適宜
豚ひき肉（赤身）　500g
A｜長ねぎ（みじん切り）　大さじ6
　｜おろししょうが　小さじ2
　｜酒　大さじ2
　｜片栗粉　大さじ2
　｜しょうゆ　小さじ1
　｜塩　小さじ2/3
　｜こしょう　少々

煮汁

水　4〜5カップ
鶏がらスープの素（顆粒）　小さじ1/2
B｜酒　大さじ3
　｜塩　小さじ1
　｜こしょう　少々

作り方

1 ひき肉にAを加え、粘りがでるまでよく練る。

2 カリフラワーの軸を水平に切り、底側に片栗粉をまぶし、カリフラワーのすき間に1を埋めるようにはりつける。

3 小さめの鍋に2のつぼみの部分を下にして入れ、分量の水、スープの素を加えて中火にかける。煮立ったらBで調味し、ふたをして途中カリフラワーの上下を返し、弱火で40〜50分、やわらかくなるまで煮て、食べやすく切る。

豚ひき肉と
キャベツの
ピリ辛鍋

キャベツが1個入っているなんて信じられないくらい、ペロリと食べられます。ひき肉がよくからんでおいしい！

材料（4人分）

キャベツ　1個 ▷ 5〜6cm四方に切る
豚ひき肉　300g
油　大さじ2
A にんにく（みじん切り）　大1かけ分
　 長ねぎ（みじん切り）　½本分
　 しょうが（みじん切り）　1かけ分
豆板醤　小さじ1〜2
酒　大さじ4
水　4カップ
B 砂糖　大さじ1
　 しょうゆ　大さじ4
ごま油　大さじ1

作り方

1 鍋を中火にかけて油を熱し、ひき肉をほぐすようにして炒める。色が変わったら、Aを加えてよく炒め、豆板醤も加えて炒める。

2 酒をふり、分量の水を加えて中火にする。煮立ったら火を弱め、Bで調味し、ふたをして10分ほど煮る。

3 キャベツを加え、しんなりするまで煮てごま油をふる。

フライドチキンとレタスの鍋

4章 2アイテムのシンプル鍋

材料（4人分）
- フライドチキン　600〜700g
- レタス　大1個 ▷縦2つに切って芯を取り、5〜6cm四方に切る
- 水　6〜7カップ
- 洋風スープの素（顆粒）　小さじ½
- A｜酒　大さじ3
  ｜塩　小さじ⅔〜1
  ｜こしょう　少々

作り方
1. 鍋に、分量の水、スープの素を入れて中火にかける。煮立ったら、Aで調味する。
2. フライドチキン、レタスを加え、レタスがしんなりするまで煮る。

市販のフライドチキンとレタスを煮たら、鍋の完成！意外や意外、チキンの味がいい具合にしみ渡るのです。

キャベツとコンビーフの重ね鍋

材料（4人分）

キャベツ　1個
▷縦2つに切って芯を切り、2㎝幅に切る
コンビーフ　2缶（400g）▷1㎝厚さに切る
水　6～7カップ
A 酒　大さじ3
　カレー粉　大さじ2
　しょうゆ　大さじ1
　塩　小さじ1

作り方

1 鍋の底にキャベツの1/2量を敷き、コンビーフをのせ、キャベツ、コンビーフと重ねる。分量の水を注ぎ、中火にかける。

2 煮立ったらAで調味し、ふたをする。再び煮立ったら、弱火にして30分ほど煮込む。

キャベツとコンビーフの相性のよさは無敵。重ねて煮てカレー粉で味つけすると、2つの味が溶け合います。

塩だらとじゃがいもの鍋

4章 2アイテムのシンプル鍋

材料(4人分)

塩だら　4切れ ▷ 長さを2等分し、8㎜厚さに切る
じゃがいも　大4〜5個
にんにく　2〜3かけ ▷ 薄切り
オリーブ油　大さじ4
赤唐辛子　3本 ▷ 斜め2つに切り、種を取る
白ワイン　½カップ
水　4〜5カップ
洋風スープの素(顆粒)　小さじ1
塩　小さじ1
こしょう　少々
パセリ(みじん切り)　大さじ4

作り方

1　じゃがいもは皮をむいて野菜スライサーで太めのせん切りにし、たっぷりの水で表面のでんぷんを洗い落とし、水けをきる。

2　フライパンにオリーブ油とにんにくを入れ、弱火で香りよく熱す。赤唐辛子、塩だらを加え、中火で両面をさっと焼き、白ワインをふる。

3　鍋に、分量の水、スープの素を入れて中火で煮立て、2を加える。再び煮立ったら、塩、こしょうで調味し、1、パセリを加えてさっと混ぜ、じゃがいもが透き通るまで煮る。

● 鍋のあと

ごはん(茶碗2〜2⅔杯)を、残った煮汁で3〜4分煮て、トマトケチャップをかける。

じゃがいもの
シャキシャキ感を楽しむために、
煮るのは一瞬！
あっさりした塩だらとよく合います。

塩鮭と白菜の クリーム鍋

材料(4人分)

塩鮭(甘口)　3切れ
　▷それぞれ3〜4等分に切る
白菜　800g▷長さを3等分に切り、根元は
　縦6〜8等分に、葉は縦5cm幅に切る
しょうが(せん切り)　1かけ分
水　2〜3カップ
鶏がらスープの素(顆粒)　小さじ1/2
酒　大さじ4
A　塩　小さじ1/2〜1
　　こしょう　少々
牛乳　2カップ

作り方

1　鍋に白菜、塩鮭を入れてしょうがを散らし、分量の水、スープの素を加えて中火にかける。煮立ったら酒をふり、ふたをして弱火で30分ほど煮る。

2　白菜がやわらかくなったら、Aで調味し、牛乳を注いでさっと煮る。

塩鮭のうまみと白菜の甘み、牛乳のマイルドな風味が一つに。牛乳を加えたら温める程度ででき上がり。

さば缶とキャベツのみそ鍋

材料(4人分)

さば水煮缶　2缶(400g)
キャベツ　1個
　▷縦6〜8等分に根元の手前まで切り込みを入れる
水　3〜4カップ
A｜酒　大さじ4
　｜みりん　大さじ2
　｜おろししょうが　1かけ分
みそ　60〜70g
こしょう　少々

作り方

1 キャベツが丸ごと入る鍋に芯を下にして入れ、分量の水を注ぎ、中火にかける。煮立ったらふたをし、弱火で20分ほど、キャベツがしんなりするまで煮る。

2 キャベツの切り込みを広げてさば缶を詰め、缶汁も加える。Aを加えてふたをし、弱火で15〜20分煮る。

3 キャベツがやわらかくなったら、煮汁適量を取り分けてみそを溶いてこしょうを加え、さばの上からかけてさらに10分ほど弱火で煮る。

丸ごとのキャベツにさば缶を詰めた豪快な鍋。キャベツとさば缶をみそがまろやかにまとめます。

5章 スタンバイ！おまかせ鍋

"あとは火にかけるだけ" まで準備して、
冷蔵庫でスタンバイOK！
帰宅後に料理する時間がないときや、
お留守番の家族に作ってほしいときに、
前もって用意できる、頼もしい鍋です。
すぐ火にかけられるように、
ホーローなど金属製の鍋を使います。

鶏肉とトマトの鍋

5章 スタンバイ！おまかせ鍋

材料（4人分）

- 鶏もも肉　2枚（500g）▷ 3cm四方に切り、Aを混ぜる
- A 塩　小さじ1/3
- ┃ こしょう　少々
- トマト　2個 ▷ ひと口大に切る
- じゃがいも　5個
- B 塩　小さじ2/3
- ┃ 黒こしょう　少々
- オリーブ油　大さじ3
- 水　1カップ
- 白ワイン　大さじ3

作り方

1 じゃがいもは皮をむいて1cm厚さの輪切りにし、水に5分ほどさらす。水けをふき、Bをふってオリーブ油をまぶす。

2 鍋にじゃがいもを敷き、鶏肉、トマトをのせ、ラップをして冷蔵庫に入れる。

3 鍋に分量の水、白ワインを注いで中火にかけ、煮立ったら火を弱め、ふたをして20分ほど蒸し煮にする。

スタンバイ！

トマトの水分とうまみが鶏肉とじゃがいもをおいしくします。蒸し煮にするので、ふたがしっかり閉まる厚手鍋が最適。

いただきます！

5章 スタンバイ！おまかせ鍋

牛肉と玉ねぎの鍋

材料（4人分）

- 牛切り落とし肉　300g　▷ Aをもみ込み、下味をつける
- A 長ねぎ（みじん切り）　大さじ2
- 　にんにく（みじん切り）　小さじ1
- 　おろししょうが　小さじ1
- 　酒　大さじ1
- 　しょうゆ　大さじ2
- 　コチュジャン　大さじ2
- 　一味唐辛子　小さじ½
- 　いり白ごま　大さじ½
- 玉ねぎ　小4個　▷ 縦8等分のくし形切り
- せり　1束（100g）　▷ 4cm長さに切る
- B 酒　大さじ3
- 　だし汁または水　1カップ

作り方

1. 鍋に玉ねぎを敷き、下味をつけた牛肉、せりをのせ、ラップをして冷蔵庫に入れる。

2. Bをふり、ふたをして中火にかける。煮立ったら火を弱めて15分ほど蒸し煮にする。

スタンバイ！

牛肉に香味野菜や調味料を混ぜてスタンバイ。
待機時間にしっかり味がしみ、それが鍋全体のおいしさになります。

いただきます！

5章 スタンバイ！おまかせ鍋

茶巾鍋

材料（4人分）

油揚げ　4枚 ▷ 2つに切り、袋状にする
鶏ひき肉　150g ▷ Aを加えてよく混ぜる
A 長ねぎ（みじん切り）　大さじ2
　しょうが汁　小さじ1/3
　酒　大さじ1
　うす口しょうゆ　小さじ2
切りもち　2枚 ▷ 半分に切る
B 鶏もも肉　3/5枚（150g）▷ 1.5cm角に切る
　生しいたけ　3枚 ▷ 6～8等分に切る
　にんじん　30g ▷ せん切りにする
C 酒　大さじ1
　塩　小さじ1/5
キャベツ　300g ▷ 1～2cm幅に切る

煮汁

だし汁　2カップ
酒・みりん　各大さじ2
うす口しょうゆ　大さじ3

作り方

1 半分にした油揚げ4枚ずつに、Aを混ぜたひき肉ともち、Cを混ぜたBをそれぞれ詰め、楊枝で口を留める。

2 鍋にキャベツを敷いて1をのせ、ラップをして冷蔵庫に入れる。

3 煮汁の材料を混ぜて鍋に注ぎ、ふたをして中火にかける。煮立ったら、火を弱めて15分ほど煮る。

もちとひき肉、鶏肉と野菜の2種の茶巾をキャベツのベッドでふわっと煮ます。

豚肉でえのきだけ、長ねぎ、豆腐を巻いて鍋に入れ、冷蔵庫へ。少量の煮汁でやさしくふんわり蒸し煮にします。

きのこと豆腐の豚肉巻き鍋

材料（4人分）

豚ロース肉（薄切り）　400g
みそ　60g
えのきだけ　大1袋 ▷根元を切る
長ねぎ　1本
　▷5〜6cm長さに切り、縦2つに切る
木綿豆腐　1丁（300g）
　▷2つに切り、1.5cm厚さに切る

煮汁

だし汁　1カップ　┐▷混ぜ合わせる
酒　大さじ3　　　┘
A 万能ねぎ（小口切り）　5本分
　七味唐辛子　適量

作り方

1 豚肉をまな板に広げてみそをぬり、約1/3量ずつにえのきだけ、長ねぎ、豆腐を等分にのせ、それぞれ巻く。

2 鍋に1を並べ、ラップをして冷蔵庫に入れる。

3 酒を加えただし汁を注ぎ、ふたをして中火にかける。煮立ったら弱火にし、10分ほど蒸し煮にし、Aをふる。

かじきとマカロニのイタリアン鍋

材料（4人分）

- めかじき（切り身） 4切れ ▷ひと口大に切る
- マッシュルーム 120g ▷縦4等分に切り、Aをふる
- A 白ワイン 大さじ1
  - オリーブ油 大さじ1
- トマトソース
  - トマト 2個 ▷1〜2cm角に切る
  - にんにく（みじん切り） 小さじ2
  - パセリ（みじん切り） 大さじ3
  - 塩 小さじ1
  - こしょう 少々
  - オリーブ油 大さじ3
- マカロニ 120g
- 塩・こしょう 各少々
- 水 1カップ
- パルメザンチーズ 大さじ4

作り方

1. マカロニは袋の表示どおりにゆで、軽く塩、こしょうをまぶす。

2. トマトソースの材料を混ぜ合わせ、めかじきをあえる。

3. 鍋にマカロニを敷き、マッシュルームを散らして2をのせ、ラップをして冷蔵庫に入れる。

4. 分量の水を加え、ふたをして中火にかけ、煮立ったら弱火にして15分ほど煮る。器に取り、パルメザンチーズをふる。

スタンバイ！

〆代わりのマカロニを加えてスタンバイ。水を注いで15分煮れば完成です。かじきやトマトのうまみがしみたマカロニが美味！

いただきます！

帆立貝柱と春雨の中華鍋

材料（4人分）

帆立貝柱　12個 ▷ Aで下味をつける
A 酒　大さじ1
　塩　小さじ¼
　こしょう　少々
　ごま油　大さじ1
しょうが　1かけ ▷ 皮をむいて薄切り
チンゲンサイ　4株 ▷ 長さを3等分に切り、根元は縦6等分に切る
春雨（乾燥）　70g ▷ 湯に10分ほど浸けて戻し、食べやすく切る
水　2カップ
B 鶏がらスープの素　小さじ½
　酒　大さじ2
　塩　小さじ1
　黒こしょう　少々

作り方

1　小鍋に、分量の水、Bを入れて火にかけ、塩を溶かしておく。

2　食卓に出す鍋にチンゲンサイを敷いて春雨を広げ、貝柱としょうがをのせ、ラップをして冷蔵庫に入れる

3　2に1のスープを注ぎ、ふたをして中火にかける。煮立ったら弱火にし、貝柱に火が通るまで8〜10分煮る。

スタンバイ！

しょうがの風味が貝柱によく合って、すっきりした味わいに。〆代わりの春雨でおなかも大満足。

いただきます！

ご当地鍋

日本中の食が均一化する中で、鍋物には今も地方性が色濃く残っています。
鍋奉行のお父さんがこだわるのは、その地方とその家に受け継がれてきた味。
でも、たまには違う地方の鍋を作るのも楽しいもの。鍋で小旅行気分を味わいませんか。

関東風と関西風。でき上がりはそんなに違いませんが、最初の調理と味つけの仕方が異なります。時代を遡れば「鍋」と「焼き」、つまり料理のカテゴリーが違いました。すき焼きを食べ始めた幕末から大正期にかけて、関東では「牛鍋」と呼ばれ、煮汁(割り下)で味つけする煮込み鍋でした。一方、関西では鍋で肉を焼いて味つけする、いわば焼き物です。こんな発祥の歴史がそれぞれの鍋に今も残っているわけです。

関東風すき焼き

材料(4人分)

牛薄切り肉(すき焼き用)　400g
牛脂　適量
長ねぎ　2本 ▷ 2cm幅の斜め切り
白菜　6枚 ▷ 縦2つに切り、3cm幅に切る
焼き豆腐　2丁(600g) ▷ 横2つに切り、2cm幅に切る
生しいたけ　12枚 ▷ 笠を飾り切り(→p.139)
春菊　1束(200g) ▷ 葉を摘む
しらたき　1袋(200g)
卵　4〜8個
割り下
　だし汁　½カップ
　しょうゆ　½カップ
　酒　大さじ3　　　　▷ 合わせてひと煮立ちさせる
　みりん　大さじ3
　砂糖　大さじ2〜3

割り下は野菜の水分で薄まることを想定して、やや濃いめの味つけがよい。

作り方

1 しらたきの下ごしらえをする。食べやすい長さに切り、塩(材料外)でもんで洗ってから鍋に入れ、ひたひたの水を加え、強火にかける。煮立ったら、弱火にして5分ほどゆで、ざるに上げる。

2 すき焼き鍋を熱して牛脂を溶かし、ねぎを両面焼きつけ、牛肉2〜3枚ずつを加えてほぐすように炒める。肉の色が変わり、香りよくなったら、割り下を適量加える。

3 煮立ったら、白菜、生しいたけ、焼き豆腐、しらたきの順に加え、火を弱めて煮る。最後に春菊を加えて、溶き卵をつけていただく。

熱した鉄鍋に牛脂を溶かして牛肉を焼き、砂糖をたっぷりふります。砂糖が焦げてキャラメリゼされた香ばしさが、関西のすき焼きの醍醐味。肉といえば牛肉を指すのが当たり前の食文化圏ですから、いかにおいしく牛肉を食べるかを追求した料理といえます。ねぎにしても関東では白い根深ねぎですが、こちらは淡路島名産の玉ねぎが定番。肉汁と脂を吸い込んだ玉ねぎが、これまたとろりと甘くて美味なのです。

関西風すき焼き

材料(4人分)

牛薄切り肉(すき焼き用)　400g
牛脂　適量
玉ねぎ　2個 ▷ 1㎝厚さの半月切りにしてほぐす
焼き豆腐　2丁(600g)
　▷ 横2つに切り、2㎝幅に切る
車麩　小4枚 ▷ 水で戻して水けを絞る
でんぷんの麺(マロニーなど)　100g
　▷ 熱湯で戻して水けをきる
生しいたけ　12枚 ▷ 笠を飾り切り(→p.139)
わけぎ　1束(200g) ▷ 3～4㎝長さに切る
卵　4～8個
砂糖　大さじ2
酒　大さじ4～6
みりん　大さじ2～4
しょうゆ　大さじ4～5

作り方

1 すき焼き鍋を熱して牛脂を溶かし、牛肉適量をほぐすように炒め、砂糖の一部をふり入れ、香りよく炒める。好みで先に牛肉だけをいただく。

2 玉ねぎを加えて酒少々をふり、玉ねぎが少ししんなりしたら、残りの具を入れ、酒、砂糖、みりん、しょうゆで調味し、溶き卵をつけていただく。

関東のおでんの特徴は、かつおだしをしょうゆで味つけした色の濃い煮汁です。ちくわ形でも魚肉は一切入っていない、小麦粉を練った「ちくわぶ」は他の地方では見かけない独特の具材。白身魚に軟骨を混ぜた「すじ」が入ることもあります。

関東風おでん

材料(4人分)

大根　16cm
こんにゃく　1枚
ゆで卵　4個 ▷ 殻をむく
昆布(日高昆布)　25cm2本
　▷ 水で戻して縦半分に切り、それぞれに結び目を作り、両端を切る
ちくわぶ　1本 ▷ 長さを2つに切り、斜めに切る
焼きちくわ　大1本 ▷ 長さを3つに切り、斜め半分に切る
はんぺん　2枚 ▷ 斜め半分に切る
厚揚げ　2枚 ▷ 2つに切り、熱湯に通して油抜きする
ごぼう天　4本 ▷ 熱湯に通して油抜きする
いわしのつみれ　4〜6個 ▷ 熱湯に通して油抜きする
練りがらし　適宜

煮汁

だし汁　6〜7カップ
A　酒　大さじ4
　みりん　大さじ2
　しょうゆ　大さじ5〜6

作り方

1 大根は4cm厚さの輪切りにして皮を厚めにむき面取りする。鍋に入れて水を入れ、米大さじ1を入れて中火にかける。煮立ってきたら、火を弱めてふたをして30分ほどゆでてそのままさまし、水で洗う。

2 こんにゃくは2つに切って厚みを半分に切り、格子状の浅い切り込みを入れて三角形に切る。塩(材料外)でもんで洗い、鍋に入れてひたひたの水を加えて中火にかける。煮立ったら火をやや弱め、5分ほどゆでてざるに上げる。

3 鍋にだし汁を入れて中火にかけ、煮立ったらAで調味し、1、2、ゆで卵、ちくわぶを加える。再び煮立ったら、弱火にしてふたをし、30分ほど煮込む。

4 残りの具材を加え、ふたをしてさらに20〜30分煮込む。取り分け、練りがらしをつけていただく。

金沢風おでん

うす口しょうゆで味つけした色白の関西系おでんですが、ユニークな具材が多いことから近ごろ注目されています。パッと目をひくのは赤巻きかまぼこ。他にもつぶ貝やふき、ひき肉入り油揚げなどいいだしが出る具材が揃っています。

材料（4人分）

大根　16cm
結びしらたき　小8個
かんぴょう　80cm
ふき　150g
塩　適量
油揚げ　2枚
A 鶏ひき肉　100g
　長ねぎ（みじん切り）　大さじ2
　酒　大さじ½
　しょうゆ　小さじ1
ゆで卵　4個 ▷ 殻をむく
車麩　小4個 ▷ 水で戻して水けを絞る
赤巻きかまぼこ　2本 ▷ 1cm厚さに切り、竹串に刺す
ゆでつぶ貝　150g ▷ 3～4個ずつ竹串に刺す
ぎんなん　16個 ▷ 4個ずつ竹串に刺す

煮汁

だし汁　6～7カップ
B 酒　大さじ2
　みりん　大さじ3
　うす口しょうゆ　大さじ4～5

作り方

1　大根は左ページと同じように切って下ゆでする。しらたきは関東風すき焼き（→p.131）と同じように塩もみしてから下ゆでする。

2　かんぴょうは塩少々でもんで水に浸し、やわらかくなったら水けを絞り、縦2つに切る。ふきは塩少々をすり込んでからゆで、冷水に取る。皮をむいて5cm長さに切り、数本を束ねてかんぴょうの½量を適当な長さに切って結ぶ。

3　油揚げは長さを2つに切って袋状にし、熱湯に通し、水けを絞る。Aを混ぜて油揚げに詰め、残りのかんぴょうで口を結ぶ。

4　鍋にだし汁を入れて煮立て、Bで調味し、1、ゆで卵、つぶ貝を加えて30分ほど煮て、残りの具を加えてさらに20～30分煮込む。

豆みそ文化圏の中京地域では、煮込みうどんやカツと同様におでんも豆みそ仕立て。真っ黒でとろりとして、見た目のインパクトは絶大。でも、食べると意外とあっさりしているので食べ飽きません。

名古屋風みそおでん

材料（4人分）

牛すじ　8本（300g）
大根　16cm
こんにゃく　1枚
焼き豆腐　1丁（300g）▷ 4等分に切る
ゆで卵　4個 ▷ 殻をむく

煮汁

だし汁　6〜7カップ
A 酒　大さじ3
　みりん　大さじ3
豆みそ　100g

作り方

1 牛すじは下ゆで（→p.108）し、3〜4cm角に切って竹串8本にさす。大根は関東風おでん（→p.134）と同じように切って下ゆでする。こんにゃくは長さを3等分して厚みを半分に切り、格子状の浅い切り込みを入れ、関東風おでんと同じように塩もみして下ゆでする。

2 鍋にだし汁を入れて煮立て、Aで調味し、1、焼き豆腐、ゆで卵を加える。再び煮立ったら弱火にし、ふたをして30分ほど煮る。

3 ボウルに豆みそを入れて2の煮汁で溶きのばし、鍋に戻してふたをし、さらに30分ほど煮込む。

青背魚の水揚げ高で知られる焼津港を有する静岡らしく、いわしなど青背魚で作った練り物「黒はんぺん」が特徴です。おでんを取り分けて、粉がつおと青のりをふっていただきます。

静岡風おでん

材料（4人分）

牛すじ　4本（150g）
大根　16cm
こんにゃく　1枚
ゆで卵　4個 ▷殻をむく
黒はんぺん　8枚 ▷竹串に刺す
なると巻き　大1本 ▷4等分に切る
さつま揚げ　大2枚 ▷2つに切る
粉がつお・青のり　各適量

煮汁

だし汁　6〜7カップ
A　酒　大さじ3
　みりん・しょうゆ　各大さじ3
　塩　小さじ2/3

作り方

1　牛すじは下ゆで（→p.108）し、3〜4cm角に切って竹串4本にさす。大根は関東風おでん（→p.134）と同じように切って下ゆでする。こんにゃくは長さを3等分して厚みを半分に切り、格子状の浅い切り込みを入れ、関東風おでんと同じように塩もみして下ゆでし、竹串6本に刺す。

2　鍋にだし汁を入れて煮立て、Aで調味し、1、ゆで卵を加える。再び煮立ったら、弱火にしてふたをし、30分ほど煮込む。

3　黒はんぺん、なると巻き、さつま揚げを加え、ふたをしてさらに20〜30分煮込む。

4　取り分けて、粉がつお、青のりをふる。

もっとおいしい鍋読本

鍋は材料を切って煮るだけだから簡単！
でも、食卓でさっと煮て食べるために欠かせない下ごしらえや、鍋に合う野菜の切り方を知っておきましょう。
また、具材を煮る順番など"鍋奉行"のための心得もご紹介します。

◉ 魚介の下ごしらえ

えびは背ワタを取る
えびの頭の後ろ（無頭なら殻の2〜3節目）に竹串を刺し、背ワタをゆっくり引き抜く。背ワタは生臭みや苦みのもとになるので、あれば必ず取る。

魚に塩と酒をふる
切った魚に塩と酒をふって軽くもむ。塩は余分な水分や生臭みを抜くため、酒は下味つけのために使う。

魚を霜降りにする
両面に塩をふって10分ほどおき、熱湯に入れて表面が白くなったら、冷水に取る。ぬめりや脂肪、余分な水分を抜き、表面をかためてうまみを閉じ込める。

◉ いわしを手開きにする

2

3

1 いわしは頭を切り落として腹を斜めに切り、包丁の先で内臓をかき出す。腹を流水でよく洗い、水けをふく。

2 腹を上にして手で持ち、中骨にそって親指で押し開く。

3 中骨を尾の手前で折ってはがす。腹骨をそぎ取り、皮を頭からはがす。

◎ 野菜の切り方

白菜は軸と葉に分ける
白菜の厚い軸と葉は火が通る時間がかなり違うので、軸と葉の部分に切り分ける。煮るときは軸、葉の順に加えるとよい。

葉物は根元をよく洗う
水菜は根元を切って水につけ、泥を洗い流す。ほうれんそうは根元に十字の切り込みを入れ、10分ほど水につけてから茎の間の泥を洗う。

長ねぎに切り目を入れる
長ねぎは真ん中まで火が通りにくく、食べるとかたい芯が飛び出しやすい。切り目を入れると中まで火が通り、味もしみ込みやすい。

しいたけは飾り切りする
見た目のよさもあるが、生しいたけの笠は厚みがあって火が通りにくい。そのため、切り込みを入れて星型に切り取る。

ピーラーで帯状に切る
大根やにんじんをピーラーで皮をむくようにして帯状に切る。さっと煮えて取り分けやすい、鍋に適した切り方。

スライサーで切る
れんこんやごぼう、にんじん、じゃがいもなどかたい野菜は、スライサーで薄切りやせん切りにすると早く煮える。

鍋奉行の心得

具材を加えたり、煮え具合によって火加減を調節したり、鍋をおいしく食べるための進行役が"鍋奉行"。
仕切るのではなく、みんなが鍋を楽しめるようにさり気なく気を配りたいもの。

一、最初は味の出るものから

肉や魚、つみれやつくねなど、だしが出るもの、火が通りにくいものから煮始める。ただし、えびやいかは煮すぎるとかたくなるため、後で加える。

一、野菜は煮えにくいものから

にんじんなどの根菜、白菜の軸、生しいたけなど、煮えるのに時間がかかるものから入れ、葉物は最後に加える。

一、葉物は煮えばなを食べる

水菜やせり、クレソンなどの葉物は、煮えばな(沸騰する寸前)のシャキシャキ感がおいしいので、食べる分ずつ加えて煮る。

一、アクはこまめに取る

煮汁も味も濁るのでアクはこまめに取ること。水を入れた小ボウルを用意し、すくったアクを入れて洗うとよい。

一、煮詰まっただし汁を足す

煮詰まって味が濃くなる前に、だし汁やスープで薄める。特にみそ味の鍋は煮詰まると焦げやすいので注意すること。

一、だし汁は多めにストック

煮詰まったときのために、だし汁やスープは材料表の分量よりも多めに用意しておく。余ったら冷蔵保存して他の料理に利用する。

土鍋の扱い方

土鍋は温まるのに時間がかかりますが、
熱くなると冷めにくいため、煮ながら食べる鍋物に適しています。
厚みがあって火の当たりがやわらかく、釉薬の遠赤外線効果で
芯まで煮えるのも土鍋ならではの特徴。
ただし、どっしりした外見に似合わず、
急激な温度変化や衝撃に弱いなど、扱い方で気をつけたい点もあります。

土鍋のサイズ
サイズは口径を寸（1寸は3.03cm）や号で表示してある。4人用なら9号（口径約27cm）、2〜3人用なら8号（口径約24cm）が使いやすいサイズ。容量は深さや側面の形にも左右されるので、容量表示も参考に。

底をぬらさない
底は釉薬がかかっていない素焼きなので、すぐに水を吸収する。底がぬれたまま火にかけると、急激な温度変化でヒビ割れの原因に。キッチンはぬれた場所が多いので、乾いたふきんにのせるなど気を配りたい。

ふせて乾かす
使い終わったら粗熱を取り、なるべく洗剤を使わずにスポンジでやさしく洗う。乾いたふきんでふき、カビが生えやすい底を上にして完全に乾かす。しまうときは新聞紙に包み、湿気や破損から守る。

土鍋のおろし方

材質が多孔質のため、新品の土鍋は使う前におかゆを炊いて目止めをする必要がある。水もれやヒビ割れに強くなる。

1 7〜8分目まで水を入れ、大さじ2くらいの米を加え、弱火でゆっくり炊く。

2 米粒が割れておかゆになったら、そのまま完全に冷まし、洗剤を使わず水で洗う。

もしヒビが入ったら
釉薬に入った細かいヒビ（貫入（かんにゅう））は心配ないが、大きなヒビが入ったら、再びおかゆを炊いて目止めをする。料理のにおいが移ってしまったときは、何度か湯を沸かして熱いうちに捨てるとよい。

鍋の主材料別さくいん

肉と加工品

牛肉類
香りしゃぶしゃぶ　36
いも煮鍋　44
蒜山鍋（ひるぜん）　78
韓国風すき焼き　82
ボルシチ　92
ポトフ　94
牛すじと大根の鍋　108
牛肉と玉ねぎの鍋　122
関東風すき焼き　130
関西風すき焼き　132
名古屋風みそおでん　136
静岡風おでん　137

コンビーフ
キャベツとコンビーフの重ね鍋　113

ソーセージ
キャベツとソーセージの鍋　95

鶏肉
鶏だんごの寄せ鍋　16
うどんすき　18
おからと豆乳入りキムチ鍋　22
鶏の水炊き　32
鶏すき　40
きりたんぽ鍋　42
ちゃんこ鍋　46
きのこ鍋　54
ほうとう鍋　72
だご汁鍋　74
ココナッツカレー鍋　86
大豆もやしと手羽先の鍋　106
フライドチキンとレタスの鍋　112
鶏肉とトマトの鍋　120
茶巾鍋　124
金沢風おでん　135

豚肉
豚しゃぶ　8
トマト豚しゃぶ　10
キムチ鍋　20
白菜と豚肉のミルフィーユ鍋　34
ちゃんこ鍋　46
獅子頭鍋（シーヅトゥ）　48
ギョーザ鍋　56
豚バラのモツ鍋風　60
ゆで豚と古漬け白菜の鍋　64
白菜のひき肉はさみ鍋　76
サンラータン鍋　84
豚バラとごぼうのしゃぶしゃぶ　104
カリフラワーの丸々鍋　110
豚ひき肉とキャベツのピリ辛鍋　111
きのこと豆腐の豚肉巻き鍋　125

魚介類と加工品

あさり
あさりのスンドゥブ・チゲ　24

あなご
うどんすき　18

いか
海鮮寄せ鍋　14

いわし
いわしのつみれ鍋　68

えび
うどんすき　18
えびしんじょう鍋　58
トム・ヤム・クン鍋　88
ブイヤベース　90

かき
かきの土手鍋　66

かじき
かじきとマカロニのイタリアン鍋　126

かに
海鮮寄せ鍋　14

さば缶
さば缶とキャベツのみそ鍋　117

塩鮭
石狩鍋　70
粕鍋　80
塩鮭と白菜のクリーム鍋　116

鯛
海鮮寄せ鍋　14
鯛ともちの雪見鍋　62
ブイヤベース　90

たら
湯豆腐　30
塩だらとじゃがいもの鍋　114

つぶ貝
金沢風おでん　135

ぶり
ぶりしゃぶ　12

帆立貝柱
石狩鍋　70
帆立貝柱と春雨の中華鍋　128

まぐろ
ねぎま鍋　52

ムール貝
ブイヤベース　90

野菜・きのこ

アボカド
トム・ヤム・クン鍋　88

えのきだけ
豚しゃぶ　8
きのこ鍋　54
きのこと豆腐の豚肉巻き鍋　125

かぶ
海鮮寄せ鍋　14
ポトフ　94

かぼちゃ
ほうとう鍋　72

カリフラワー
カリフラワーの丸々鍋　110

黄にら
蒜山鍋（ひるぜん）　78

キャベツ
鶏の水炊き　32
ちゃんこ鍋　46
豚バラのモツ鍋風　60
ボルシチ　92
キャベツとソーセージの鍋　95
豚ひき肉とキャベツのピリ辛鍋　111
キャベツとコンビーフの重ね鍋　113
さば缶とキャベツのみそ鍋　117
茶巾鍋　124

クレソン
香りしゃぶしゃぶ　36
蒜山鍋（ひるぜん）　78

ごぼう
きりたんぽ鍋　42
いも煮鍋　44
いわしのつみれ鍋　68
豚バラとごぼうのしゃぶしゃぶ　104

小松菜
ほうとう鍋　72

さつまいも
だご汁鍋　76

里いも
いも煮鍋　44

しめじ
鶏すき　40
きのこ鍋　54

じゃがいも
石狩鍋　70
ボルシチ　90
ポトフ　94
塩だらとじゃがいもの鍋　114

春菊
かきの土手鍋　66
関東風すき焼き　130

ズッキーニ
ココナッツカレー鍋　86

せり
あさりのスンドゥブ・チゲ　24
香りしゃぶしゃぶ　36
きりたんぽ鍋　42

セロリ
ポトフ　94

大根
ぶりしゃぶ　12
鯛ともちの雪見鍋　62
だご汁鍋　74
粕鍋　80
牛すじと大根の鍋　108
関東風おでん　134
金沢風おでん　135

名古屋風みそおでん　136
静岡風おでん　137

たけのこ
ギョーザ鍋　56
サンラータン鍋　84

玉ねぎ
かきの土手鍋　66
石狩鍋　70
韓国風すき焼き　82
ココナッツカレー鍋　86
トム・ヤム・クン鍋　88
ボルシチ　92
ポトフ　94
牛肉と玉ねぎの鍋　122
関西風すき焼き　132

チンゲンサイ
獅子頭鍋　48
帆立貝柱と春雨の中華鍋　128

豆苗
ぶりしゃぶ　12
香りしゃぶしゃぶ　36

トマト
トマト豚しゃぶ　10
サンラータン鍋　84
ココナッツカレー鍋　86
鶏肉とトマトの鍋　120

なす
ギョーザ鍋　56
ほうとう鍋　72
ココナッツカレー鍋　86

長ねぎ
ぶりしゃぶ　12
湯豆腐　30
ねぎま鍋　52
関東風すき焼き　130

なめこ
きのこ鍋　54

生しいたけ
はりはり鍋　50
きのこ鍋　54
かきの土手鍋　66

にら
豚バラのモツ鍋風　60
韓国風すき焼き　82

にんじん
ほうとう鍋　72
だご汁鍋　74
韓国風すき焼き　82
ポトフ　94

白菜
鶏だんごの寄せ鍋　16
白菜と豚肉のミルフィーユ鍋　34
ギョーザ鍋　56
ゆで豚と古漬け白菜の鍋　64
白菜のひき肉はさみ鍋　76
蒜山鍋　78
塩鮭と白菜のクリーム鍋　116

万能ねぎ
白菜のひき肉はさみ鍋　76

ふき
金沢風おでん　135

ブナピー
えびしんじょう鍋　58
蒜山鍋　78

ほうれんそう
トマト豚しゃぶ　10

まいたけ
きりたんぽ鍋　42
きのこ鍋　54

マッシュルーム
トム・ヤム・クン鍋　88
かじきとマカロニのイタリアン鍋　126

水菜
豚しゃぶ　8
海鮮寄せ鍋　14
はりはり鍋　50

もやし
キムチ鍋　20
大豆もやしと手羽先の鍋　106

山いも
はりはり鍋　50

レタス
えびしんじょう鍋　58
フライドチキンとレタスの鍋　112

れんこん
豚しゃぶ　8

わけぎ
いわしのつみれ鍋　68
粕鍋　80

大豆加工品

厚揚げ
トマト豚しゃぶ　10
きのこ鍋　54
関東風おでん　134

油揚げ
はりはり鍋　50
だご汁鍋　74
茶巾鍋　124
金沢風おでん　135

おから
おからと豆乳入りキムチ鍋　22

豆腐
鶏だんごの寄せ鍋　16
あさりのスンドゥブ・チゲ　24
湯豆腐　30
ゆで豚と古漬け白菜の鍋　64
かきの土手鍋　66
粕鍋　80
きのこと豆腐の豚肉巻き鍋　125
関東風すき焼き　130
関西風すき焼き　132
名古屋風みそおでん　136

乾物

きくらげ
鶏だんごの寄せ鍋　16
キムチ鍋　20

車麩
鶏すき　40
関西風すき焼き　132
金沢風おでん　135

春雨
キムチ鍋　20
獅子頭鍋　48
ゆで豚と古漬け白菜の鍋　64
トム・ヤム・クン鍋　88
帆立貝柱と春雨の中華鍋　128

わかめ
ぶりしゃぶ　12

その他

キムチ
キムチ鍋　20
おからと豆乳入りキムチ鍋　22
あさりのスンドゥブ・チゲ　24

牛乳
蒜山鍋　78
塩鮭と白菜のクリーム鍋　116

魚肉練り製品
関東風おでん　134
金沢風おでん　135
静岡おでん　137

きりたんぽ
きりたんぽ鍋　42

ココナッツミルク
ココナッツカレー鍋　86

小麦粉
だご汁鍋　74

こんにゃく
いも煮鍋　44
関東風おでん　134
名古屋風みそおでん　136
静岡風おでん　137

しらたき
関東風すき焼き　130
金沢風おでん　135

卵
韓国風すき焼き　82
サンラータン鍋　84
関東風おでん　134
金沢風おでん　135
名古屋風みそおでん　136
静岡風おでん　137

麺類
うどんすき　18
ほうとう鍋　72
かじきとマカロニのイタリアン鍋　126

もち
鯛ともちの雪見鍋　62
茶巾鍋　124

大庭英子 おおば・えいこ

料理研究家。福岡県出身。
和洋中エスニックと幅広いジャンルから、
本当においしい、作りやすいレシピを提案している。
食材の取り合わせや調味料の使い方に
独自のスタイルがあり、ファンも多い。
新聞や雑誌、テレビの料理番組監修などで活躍中。
数多くの著書があり、
近著は『パッと作れて絶対うまいひとり分ごはん』(成美堂出版)。

撮影　石井宏明
スタイリング　綾部恵美子
ブックデザイン　若山嘉代子　若山美樹(L'espace)
料理アシスタント　武田昌子　堀山悦子
編集制作　野澤幸代(MILLENNIUM)
企画・編集　川上裕子(成美堂出版編集部)

撮影協力
ストウブ(ツヴィリング J.A. ヘンケルスジャパン)
http://www.staub.jp
ル・クルーゼ ジャポン
http://www.lecreuset.co.jp

毎日食べたくなる絶品鍋

著　者　大庭英子
発行者　深見公子
発行所　成美堂出版
　　　　〒162-8445　東京都新宿区新小川町1-7
　　　　電話(03)5206-8151　FAX(03)5206-8159
印　刷　共同印刷株式会社

©SEIBIDO SHUPPAN 2015　PRINTED IN JAPAN
ISBN978-4-415-32027-4
落丁・乱丁などの不良本はお取り替えします
定価はカバーに表示してあります

・本書および本書の付属物を無断で複写、複製(コピー)、引用する
ことは著作権法上での例外を除き禁じられています。また代行業者
等の第三者に依頼してスキャンやデジタル化することは、たとえ個人
や家庭内の利用であっても一切認められておりません。